KRISTIN COLLINS

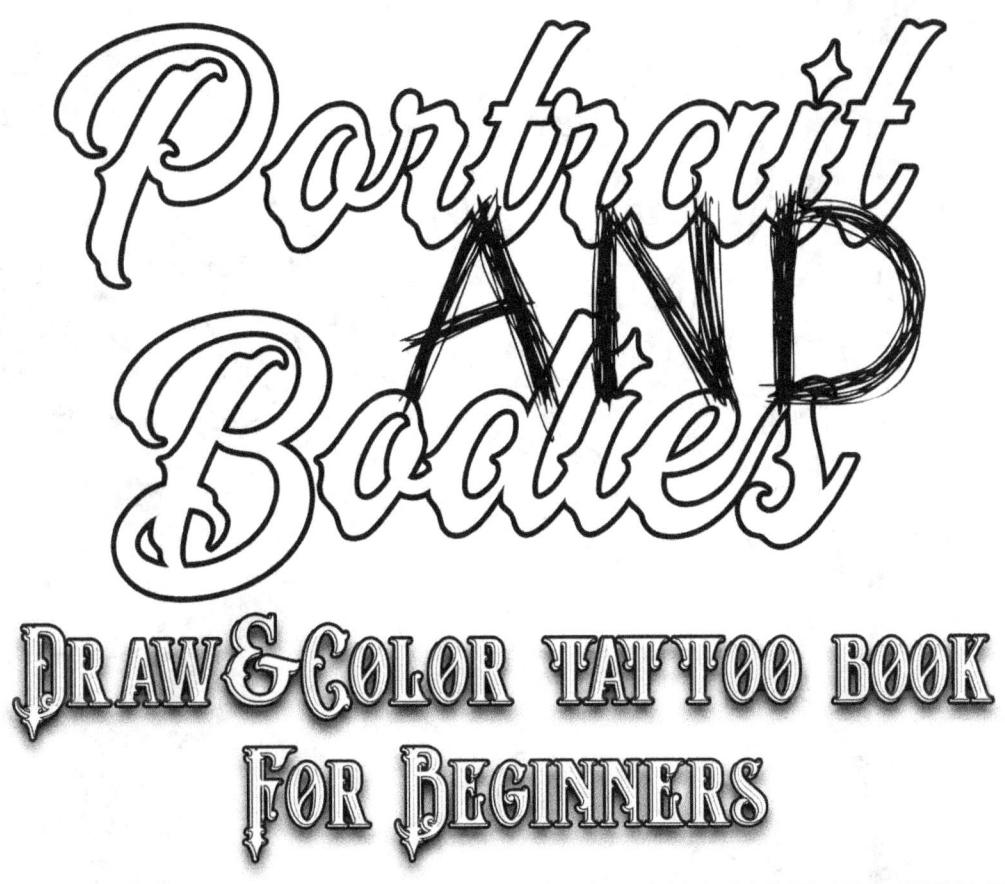

USE THE GRID TO REPLICATE THE DRAW ON THE LEFT PAGE
AND COLOR THEM CREATING **YOUR ARTWORK**

ISBN: 9798652877750

COLOR CHECK

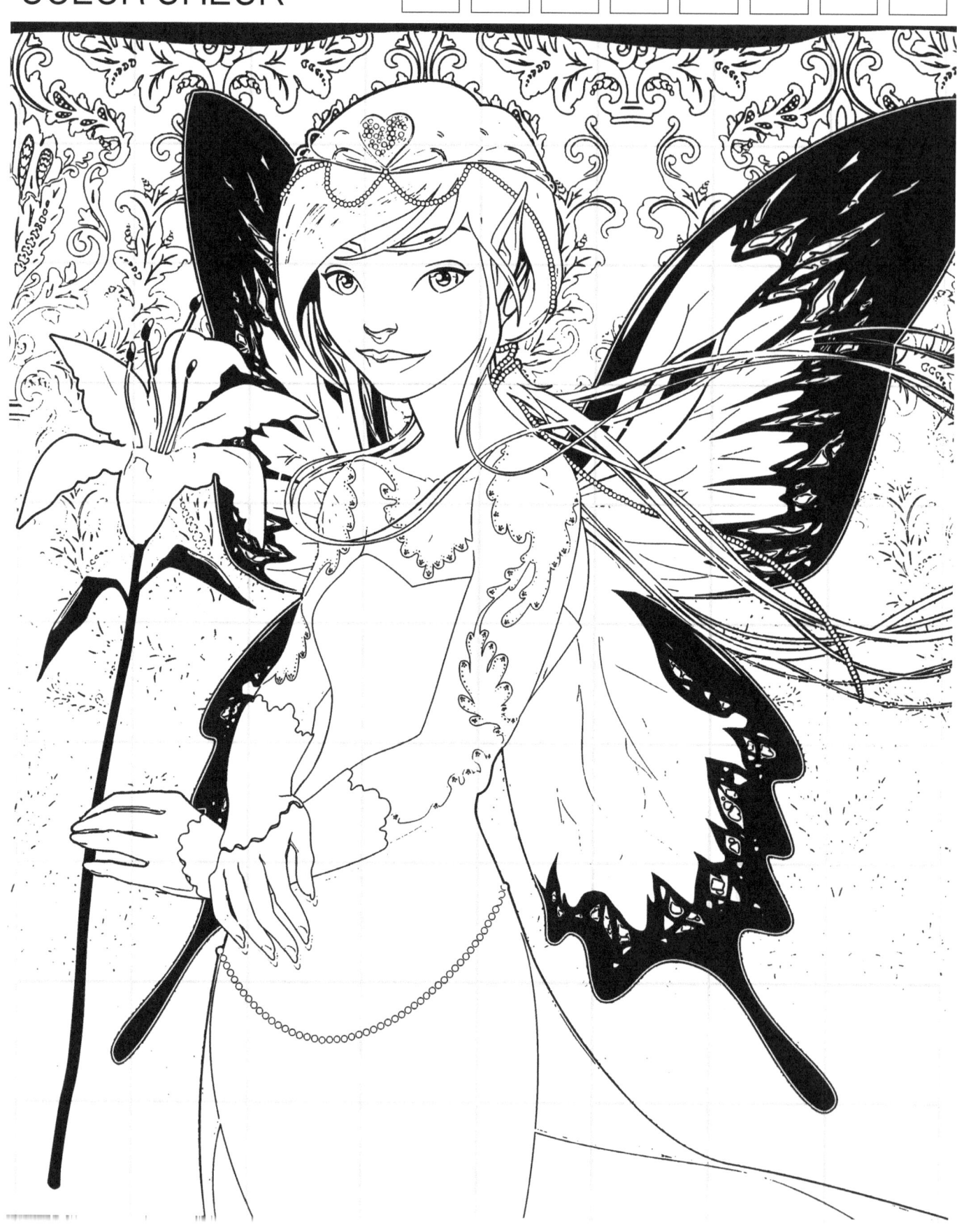

COLOR CHECK

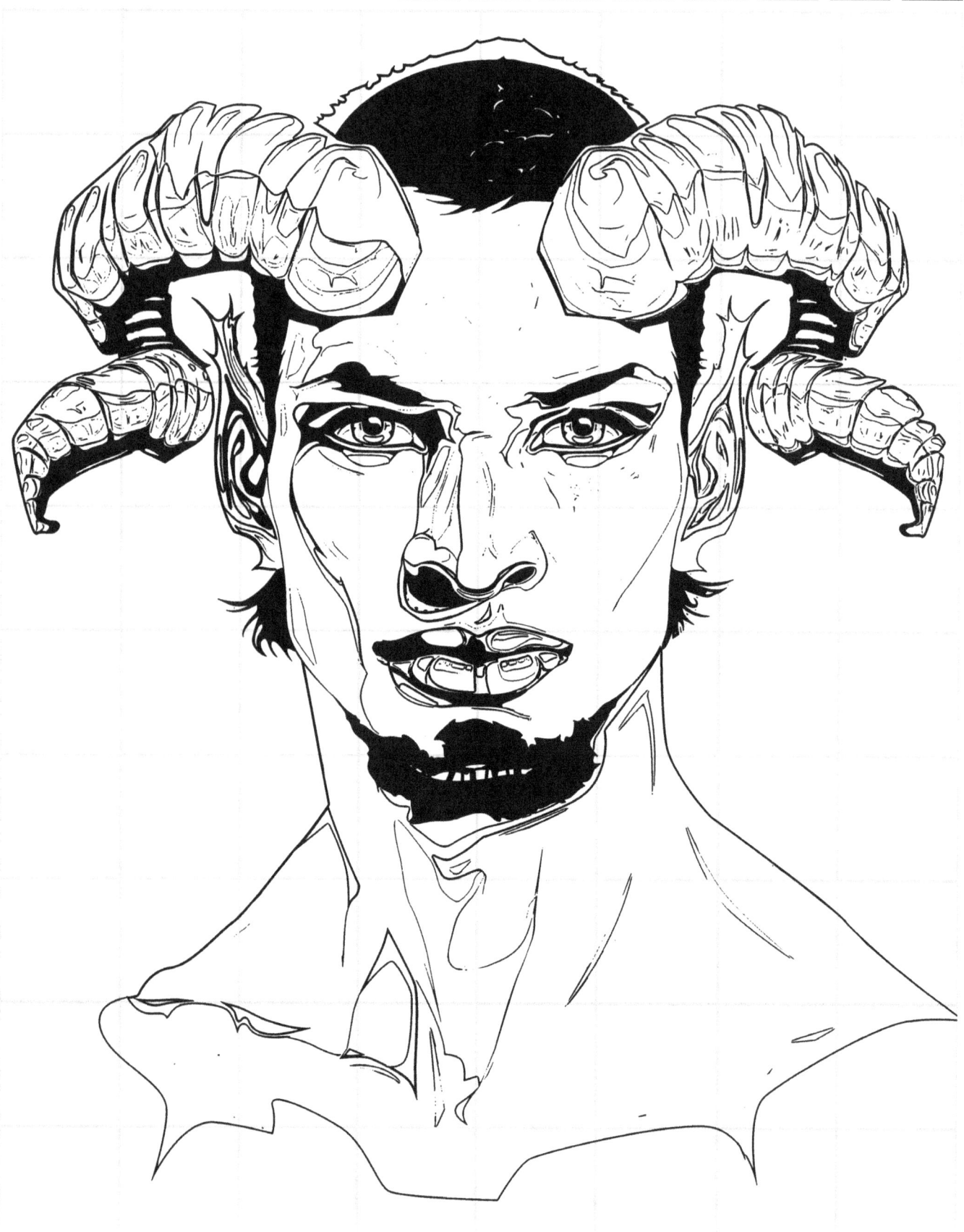

COLOR CHECK

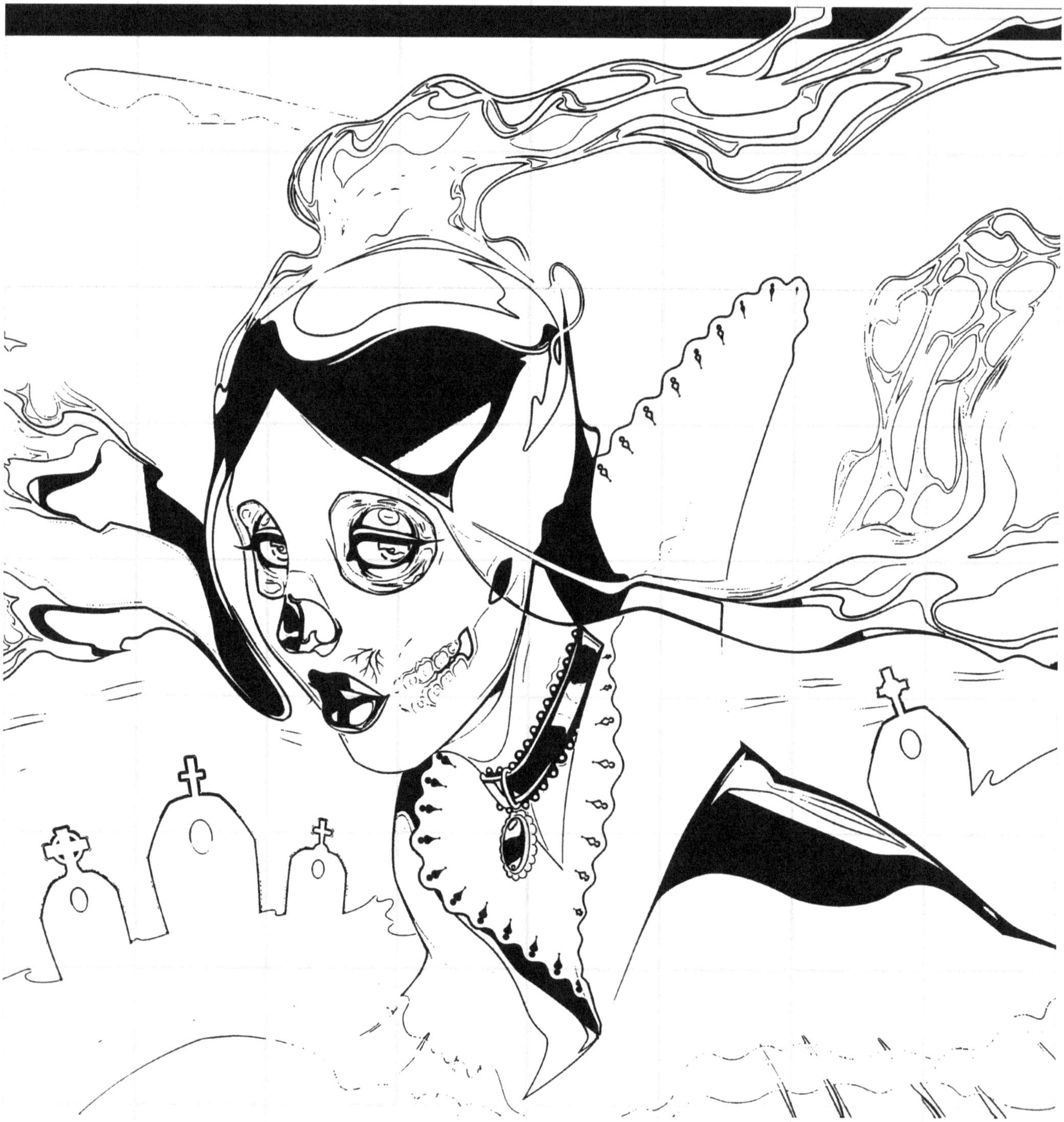

COLOR CHECK

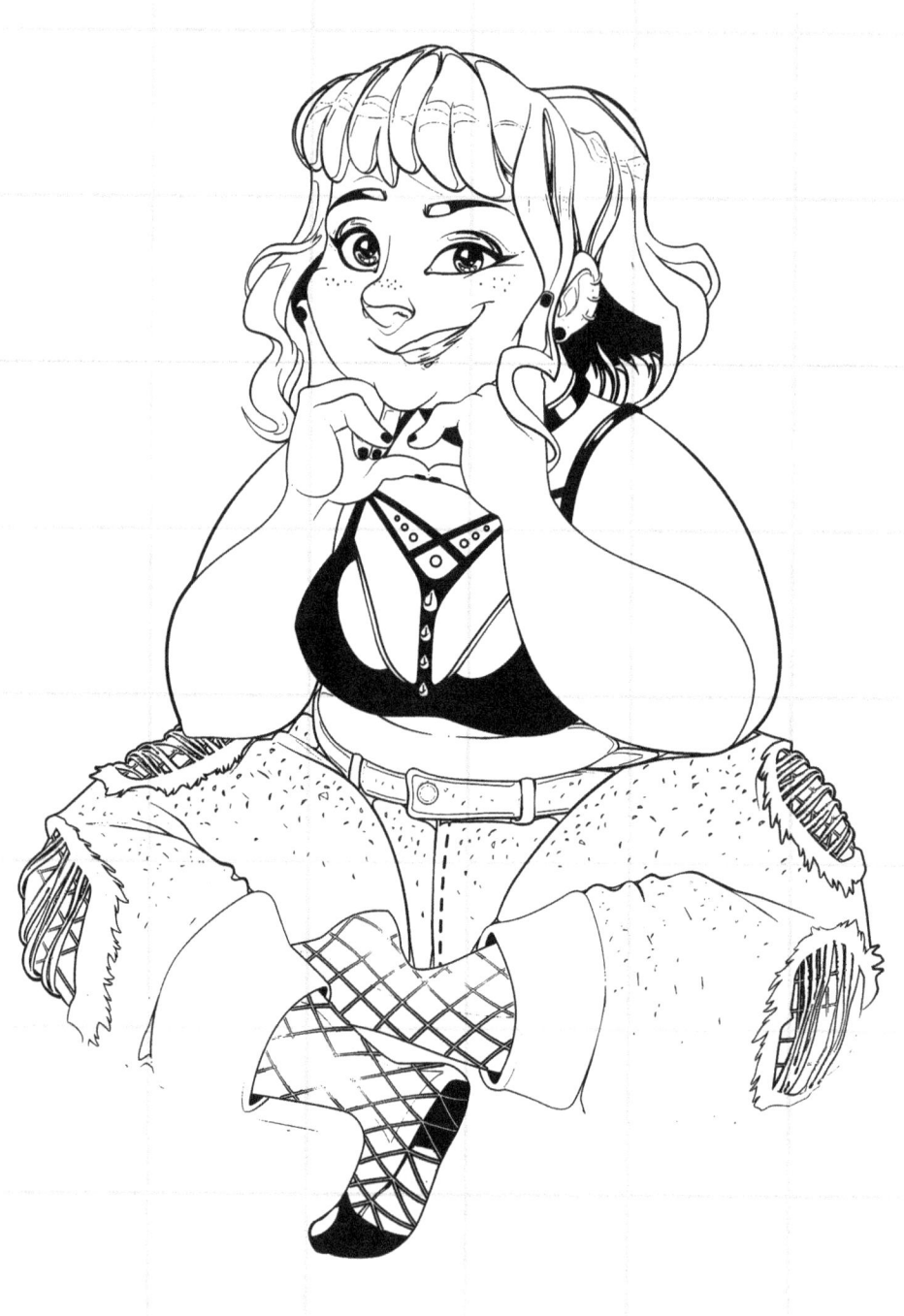

COLOR CHECK

☐ ☐ ☐ ☐ ☐ ☐ ☐ ☐

COLOR CHECK

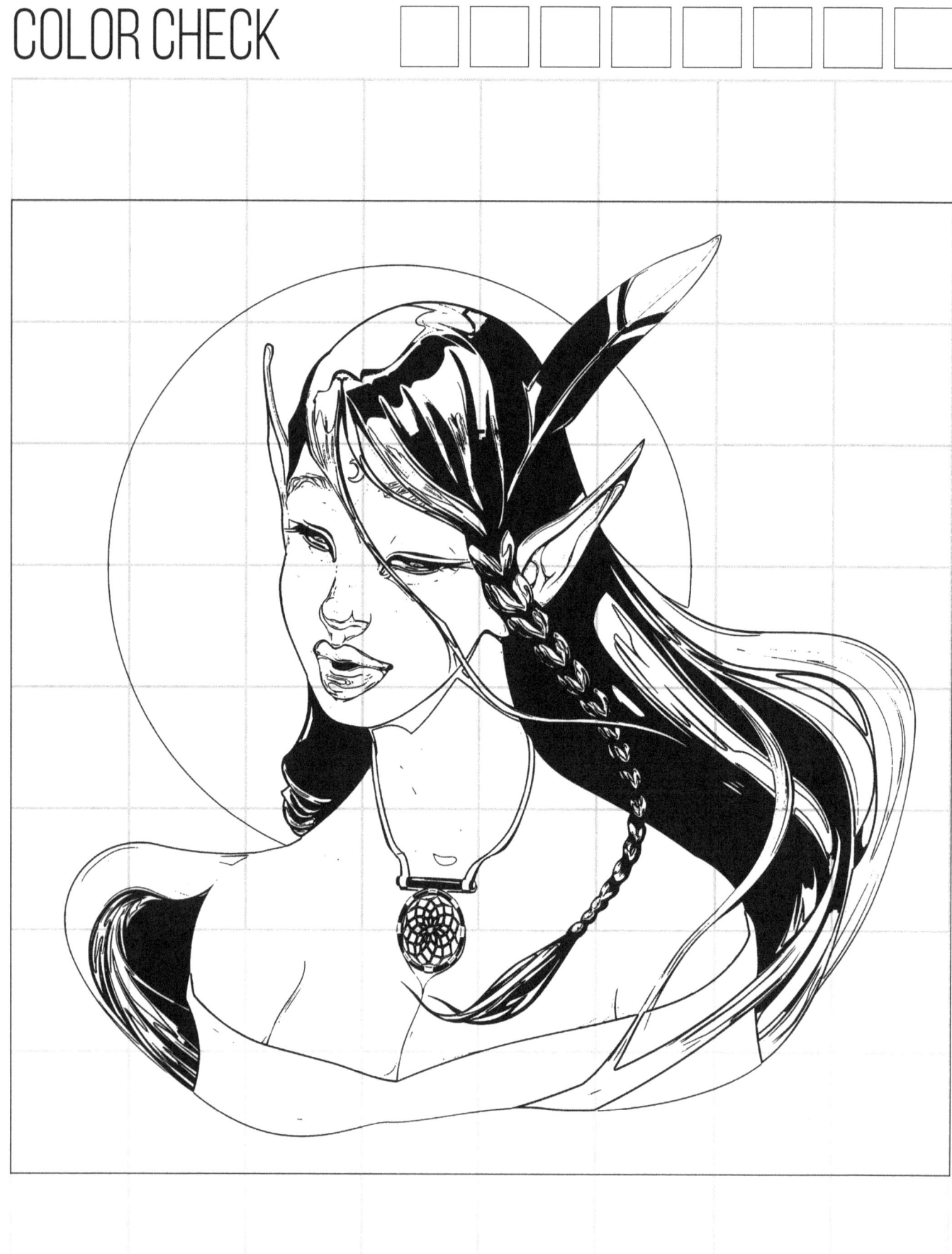

COLOR CHECK

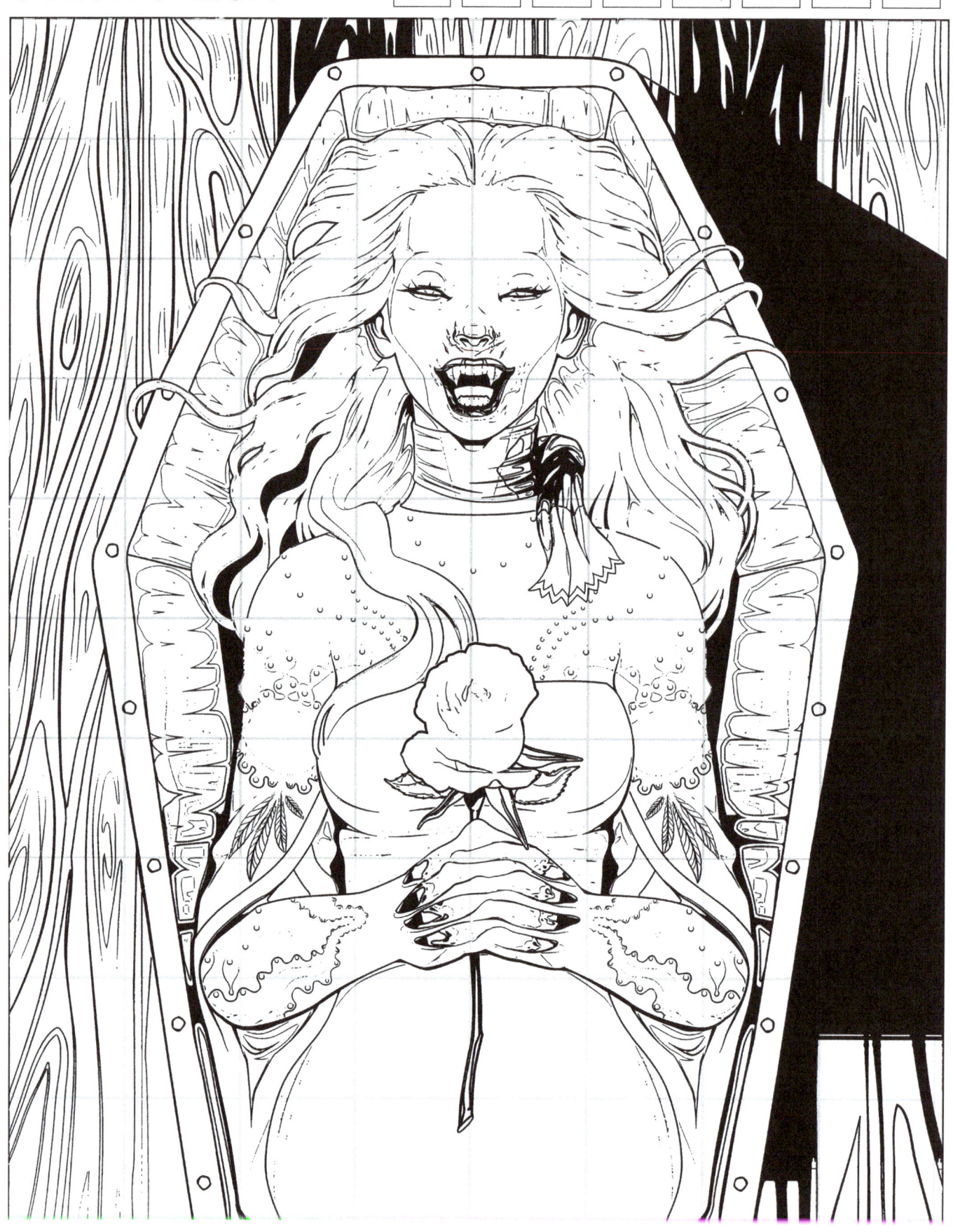

COLOR CHECK

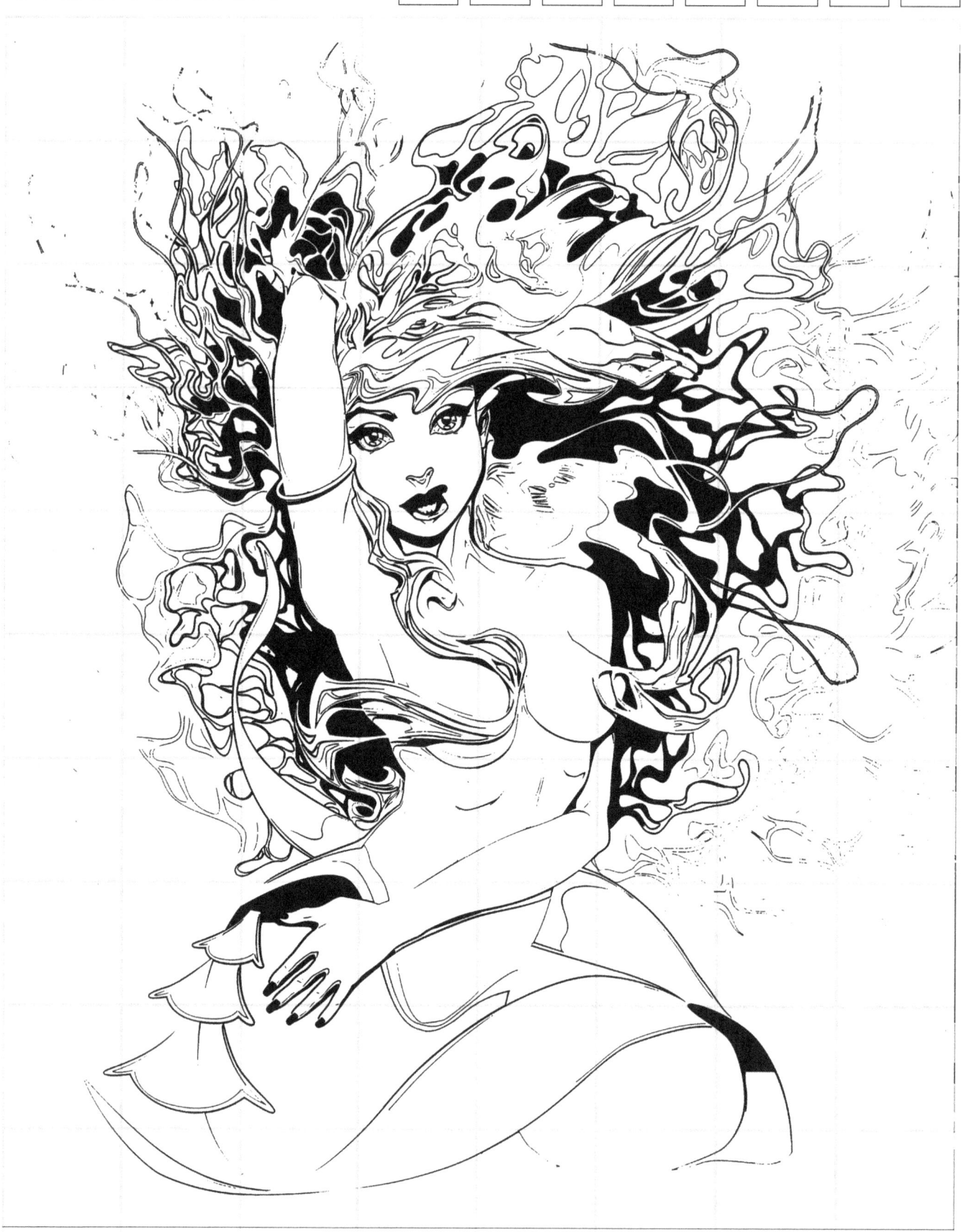

COLOR CHECK

COLOR CHECK

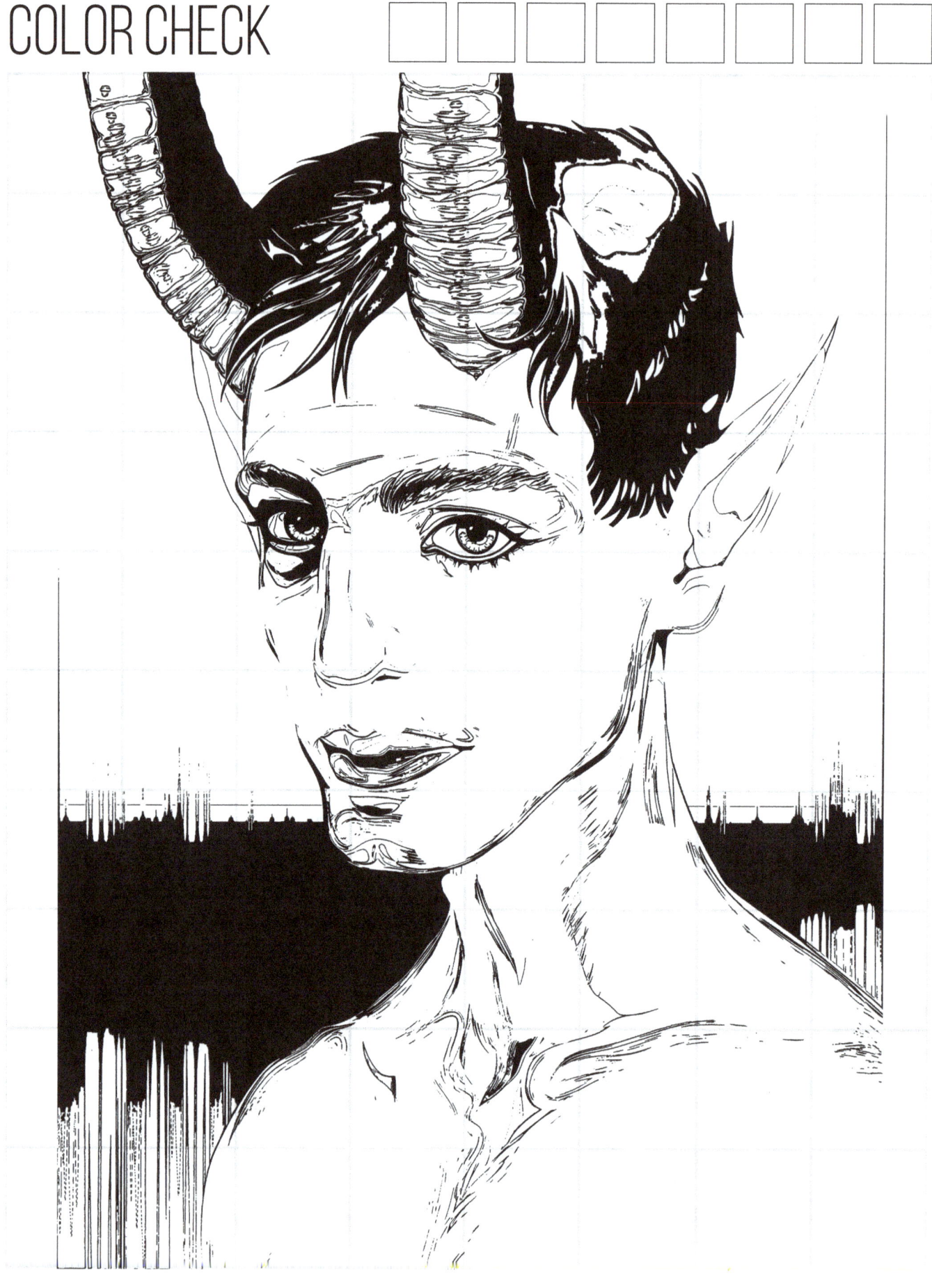

COLOR CHECK

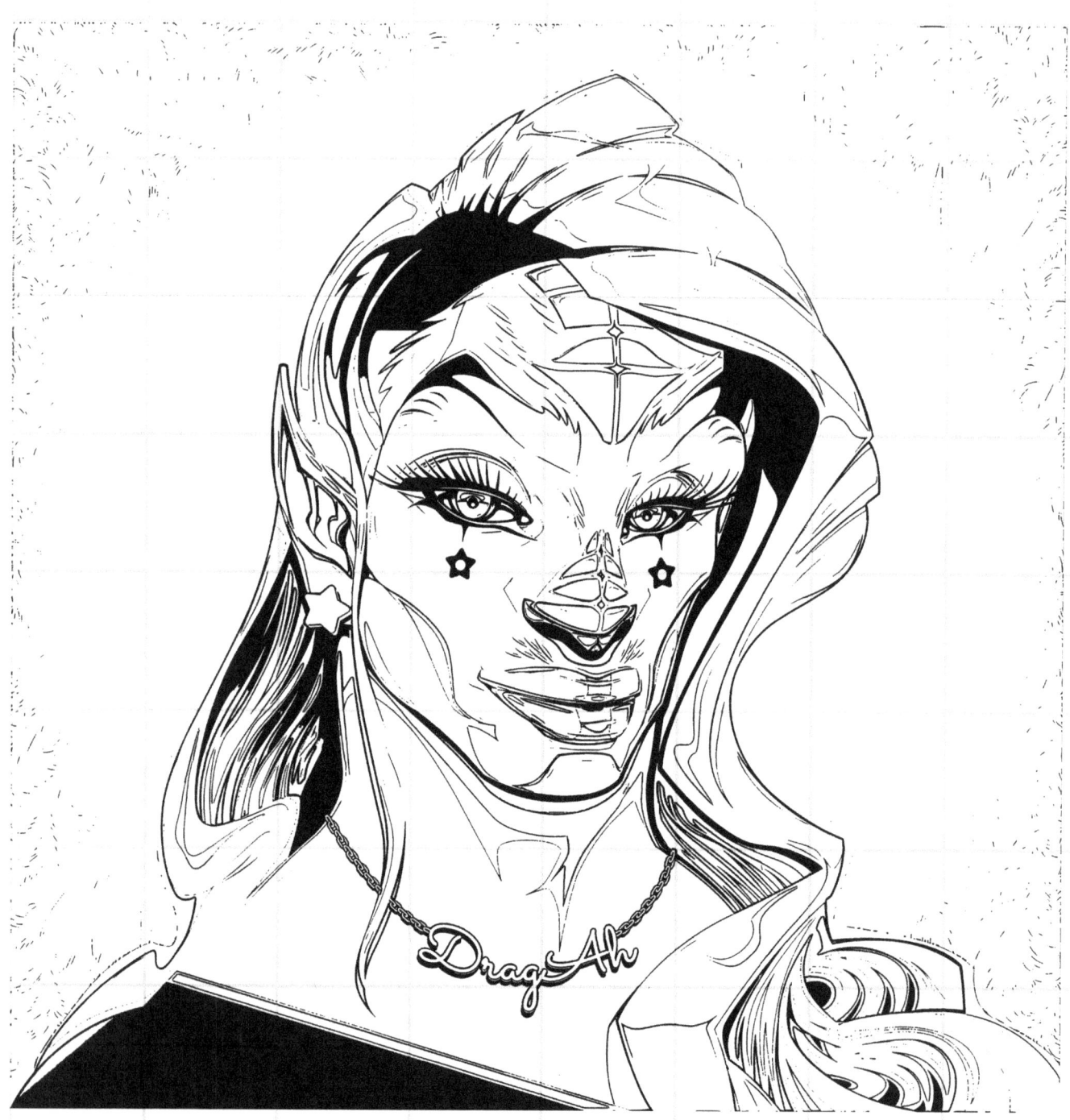

COLOR CHECK

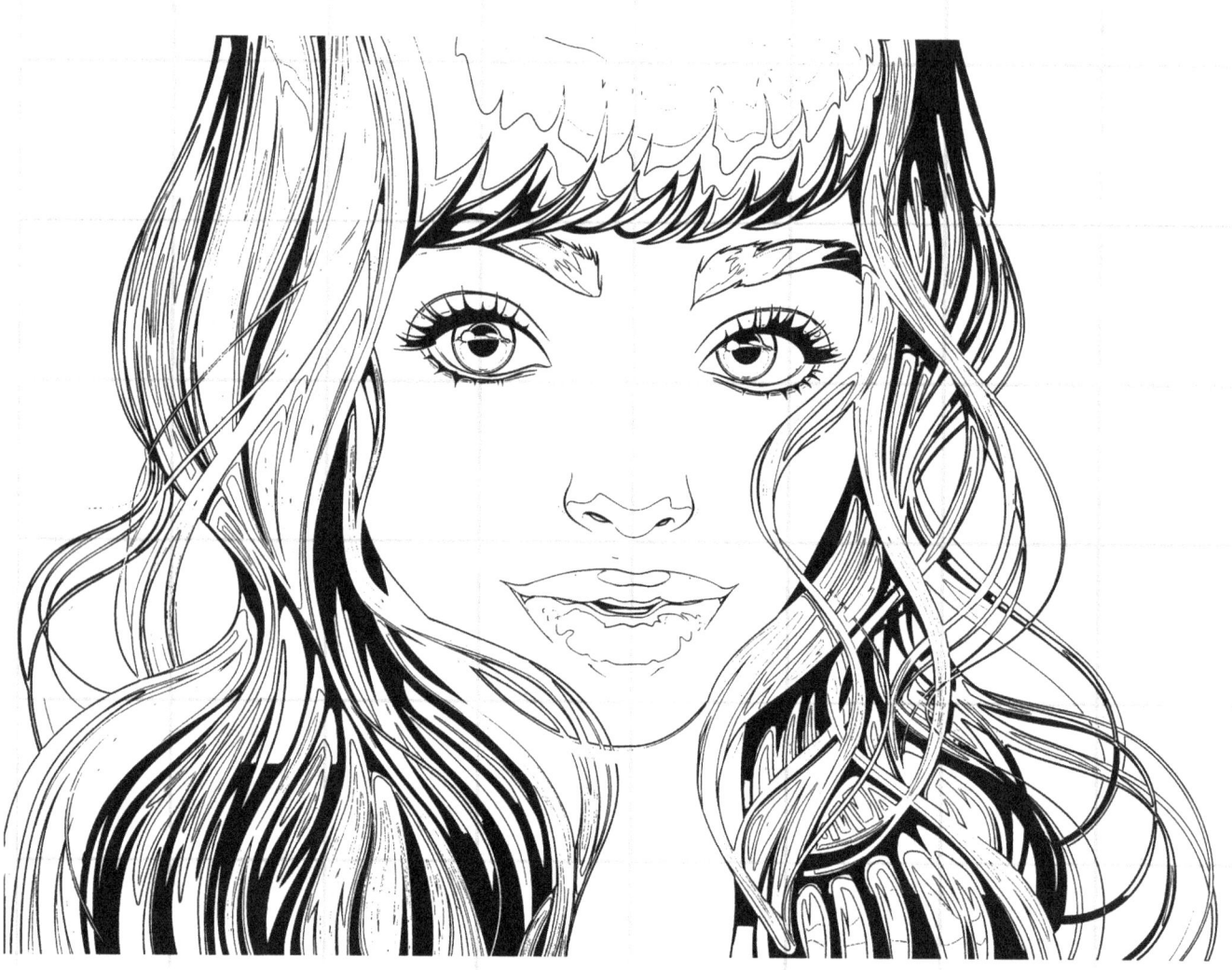

COLOR CHECK

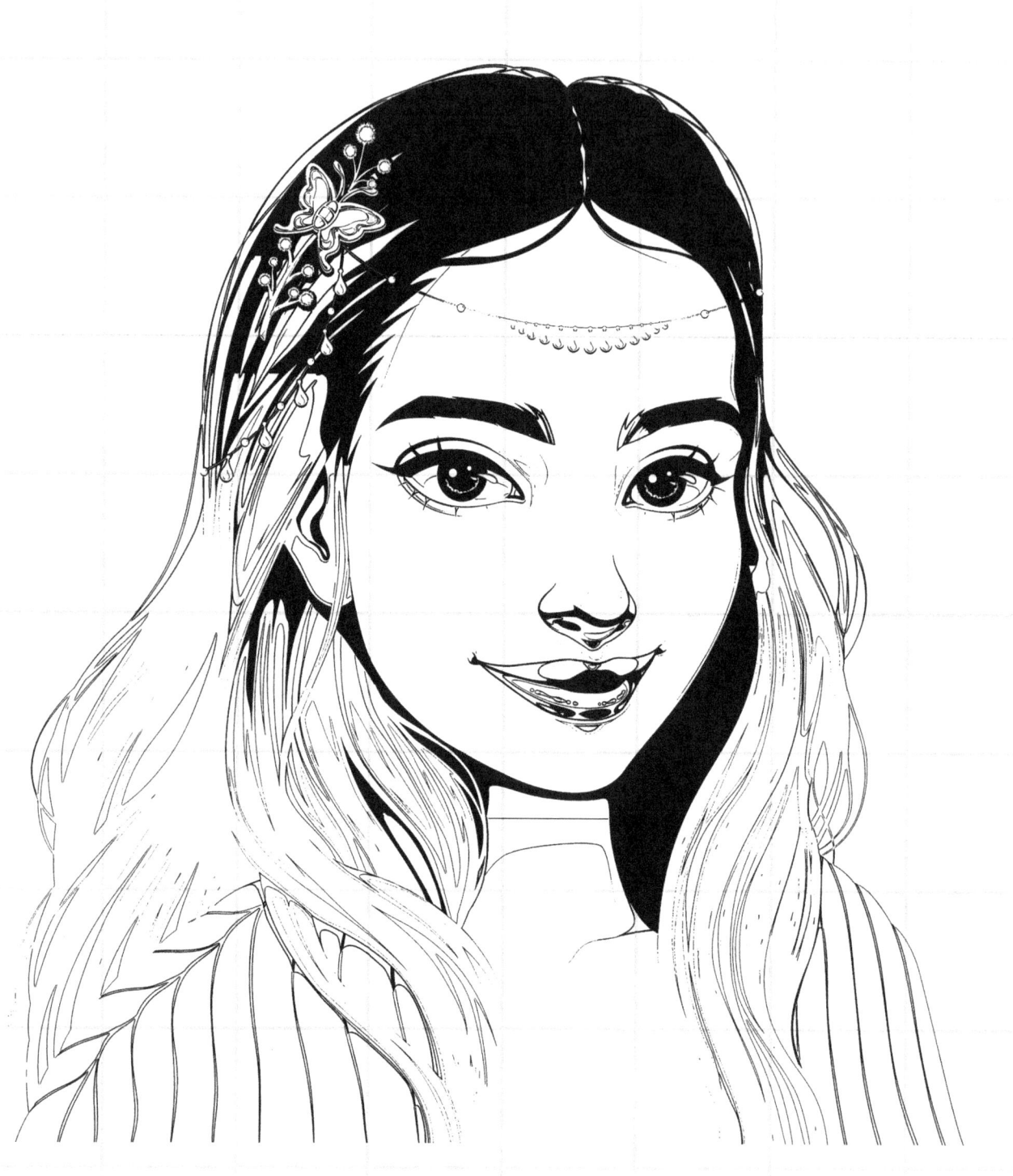

COLOR CHECK

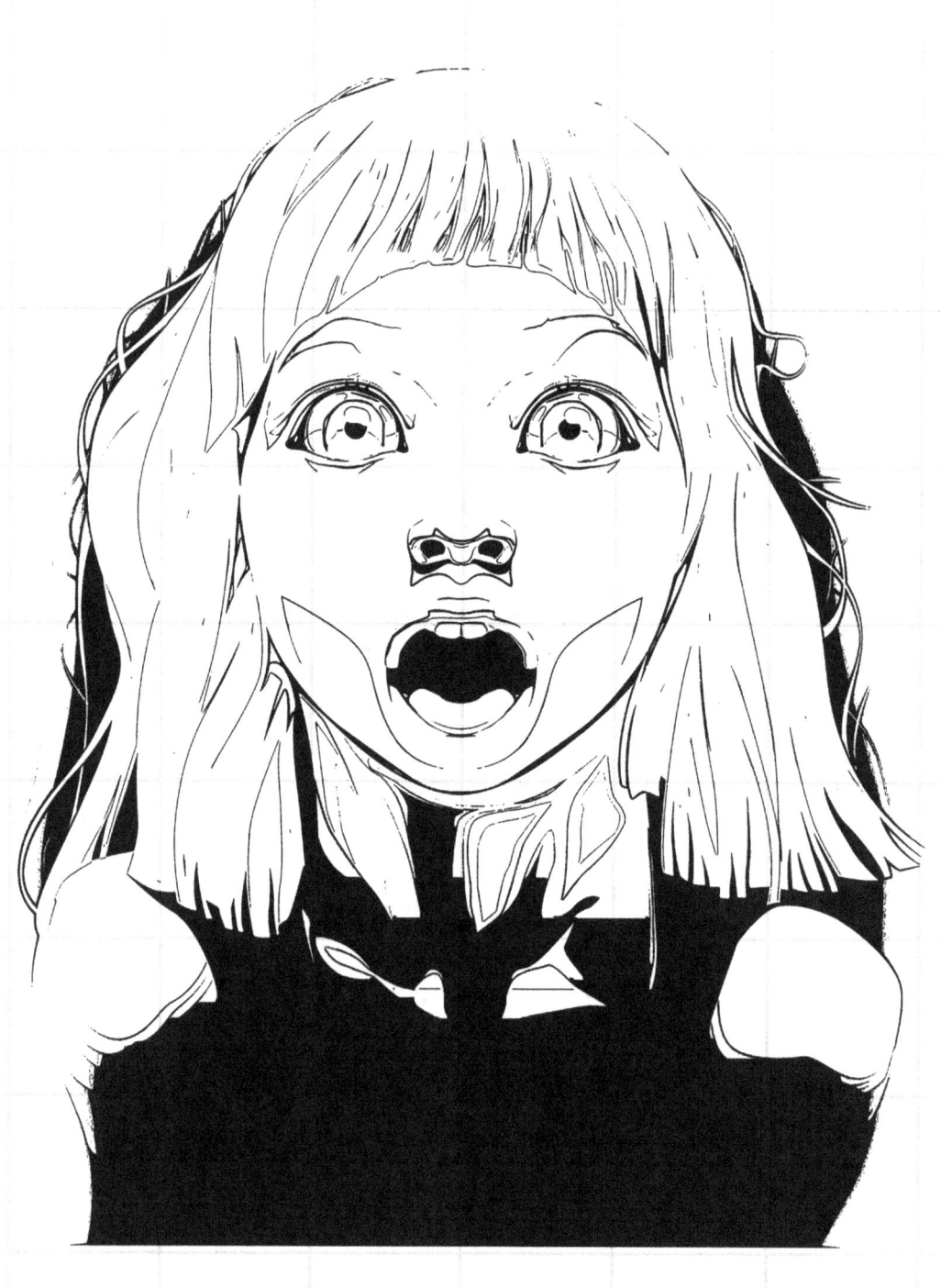

COLOR CHECK

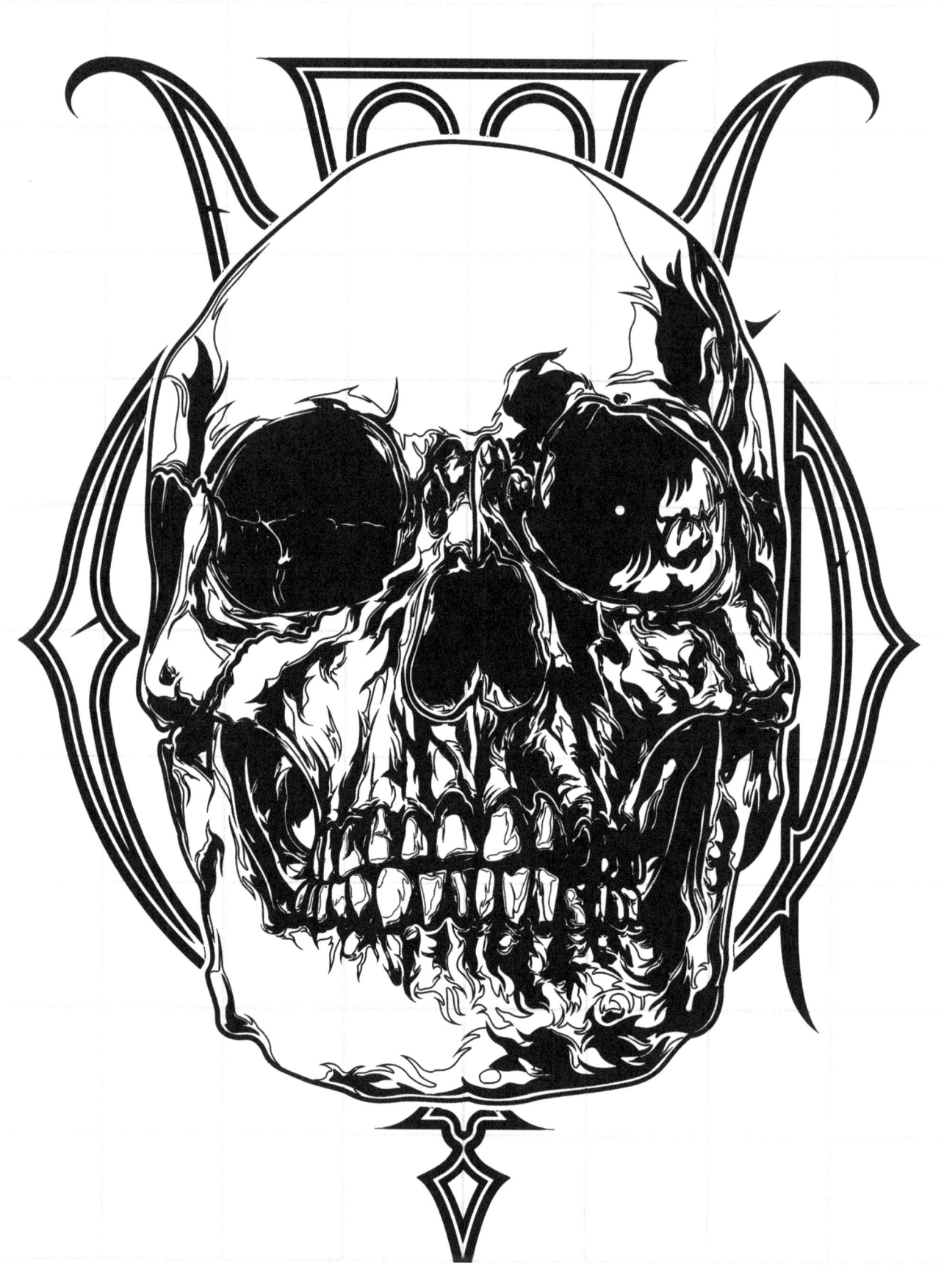

COLOR CHECK

☐ ☐ ☐ ☐ ☐ ☐ ☐ ☐

COLOR CHECK

☐ ☐ ☐ ☐ ☐ ☐ ☐ ☐

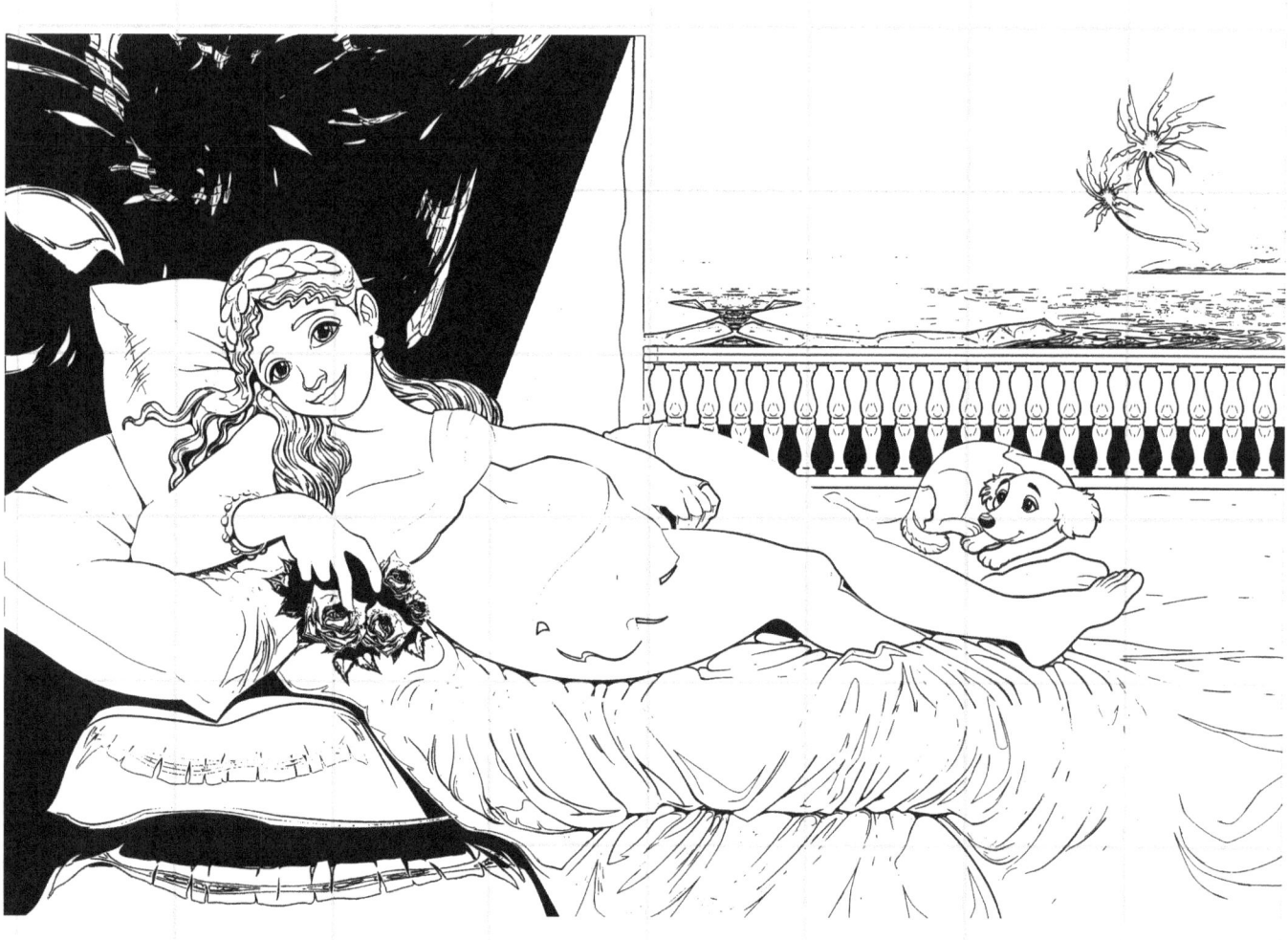

COLOR CHECK

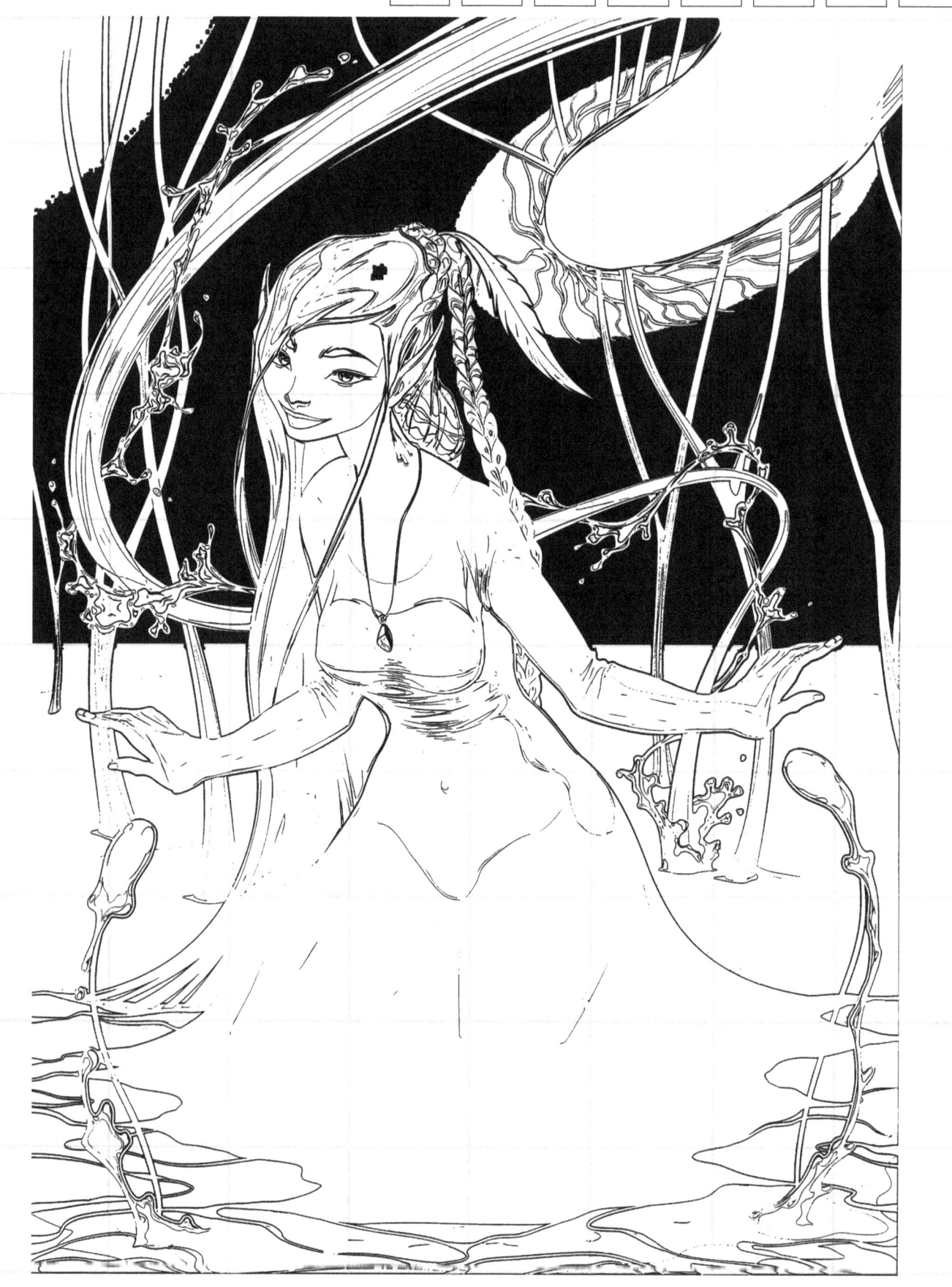

COLOR CHECK

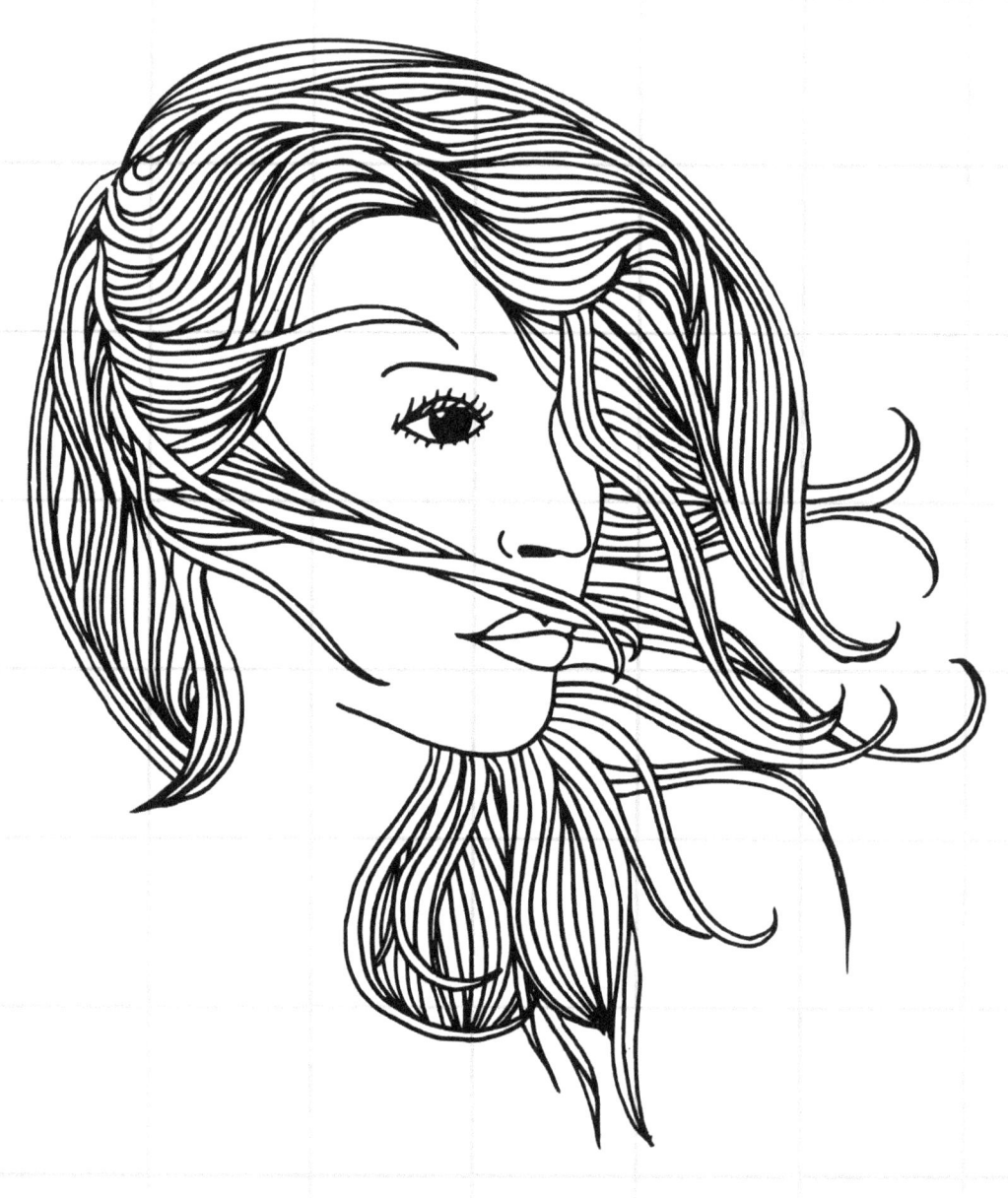

COLOR CHECK

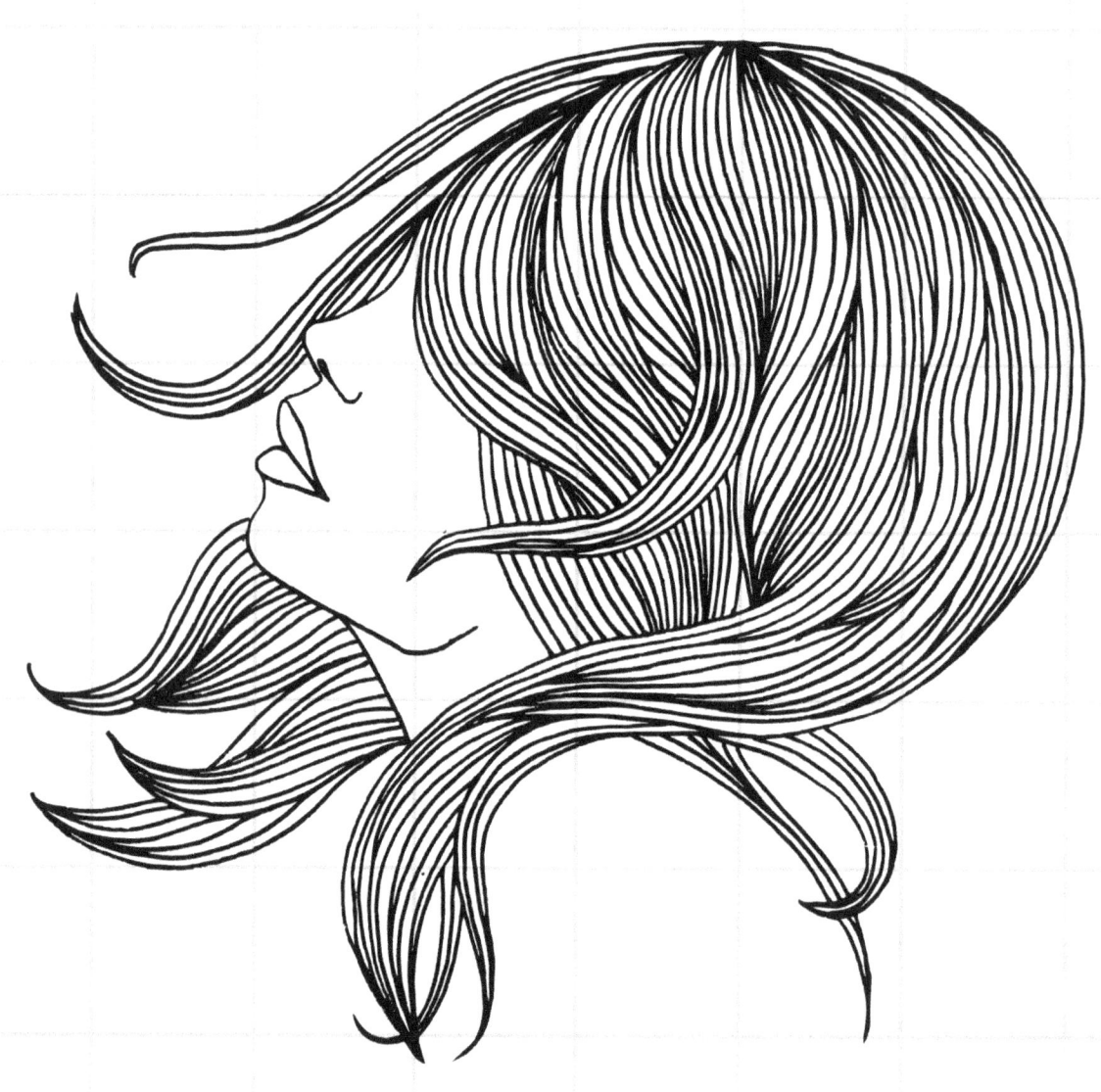

COLOR CHECK

☐ ☐ ☐ ☐ ☐ ☐ ☐ ☐

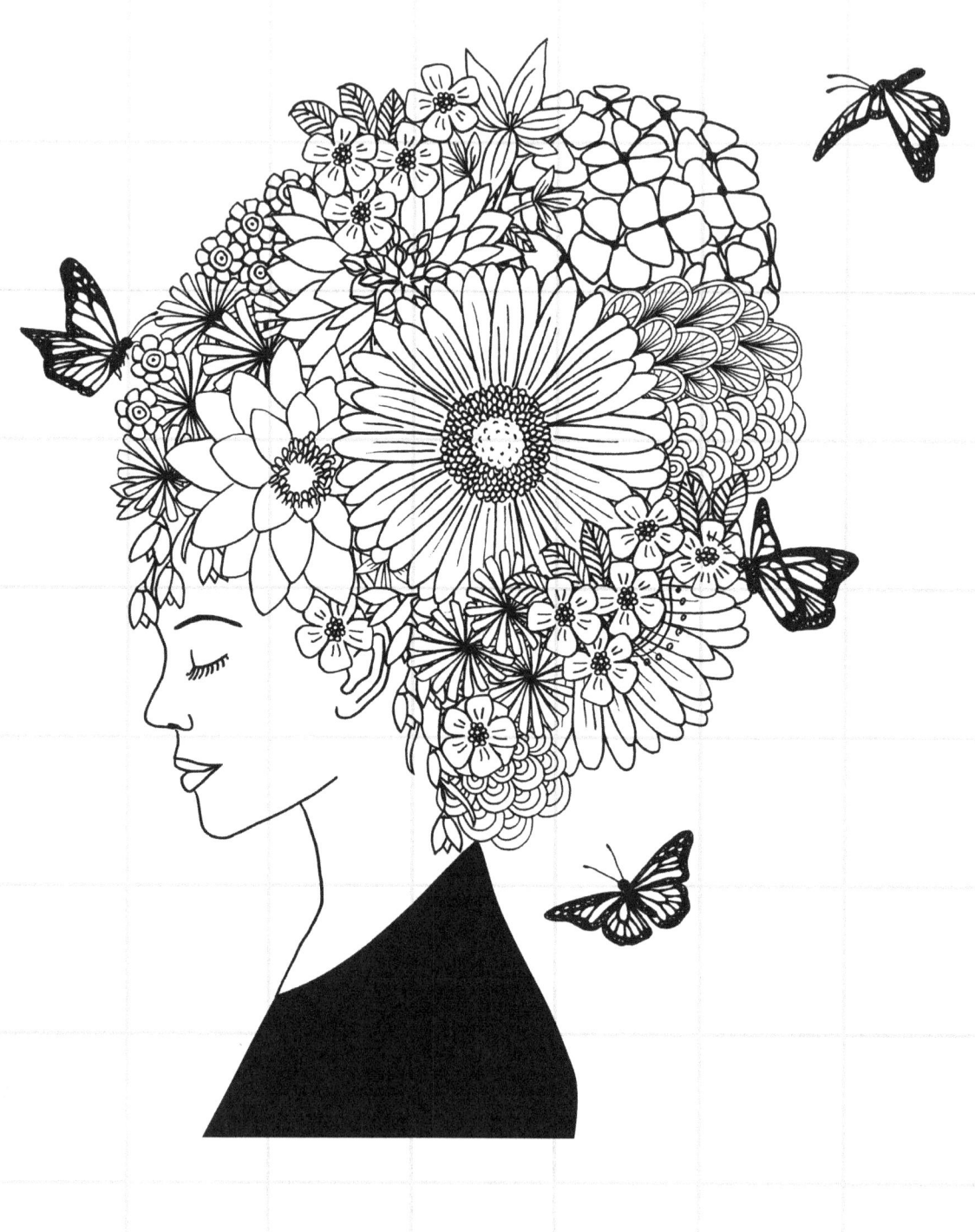

COLOR CHECK

☐ ☐ ☐ ☐ ☐ ☐ ☐ ☐

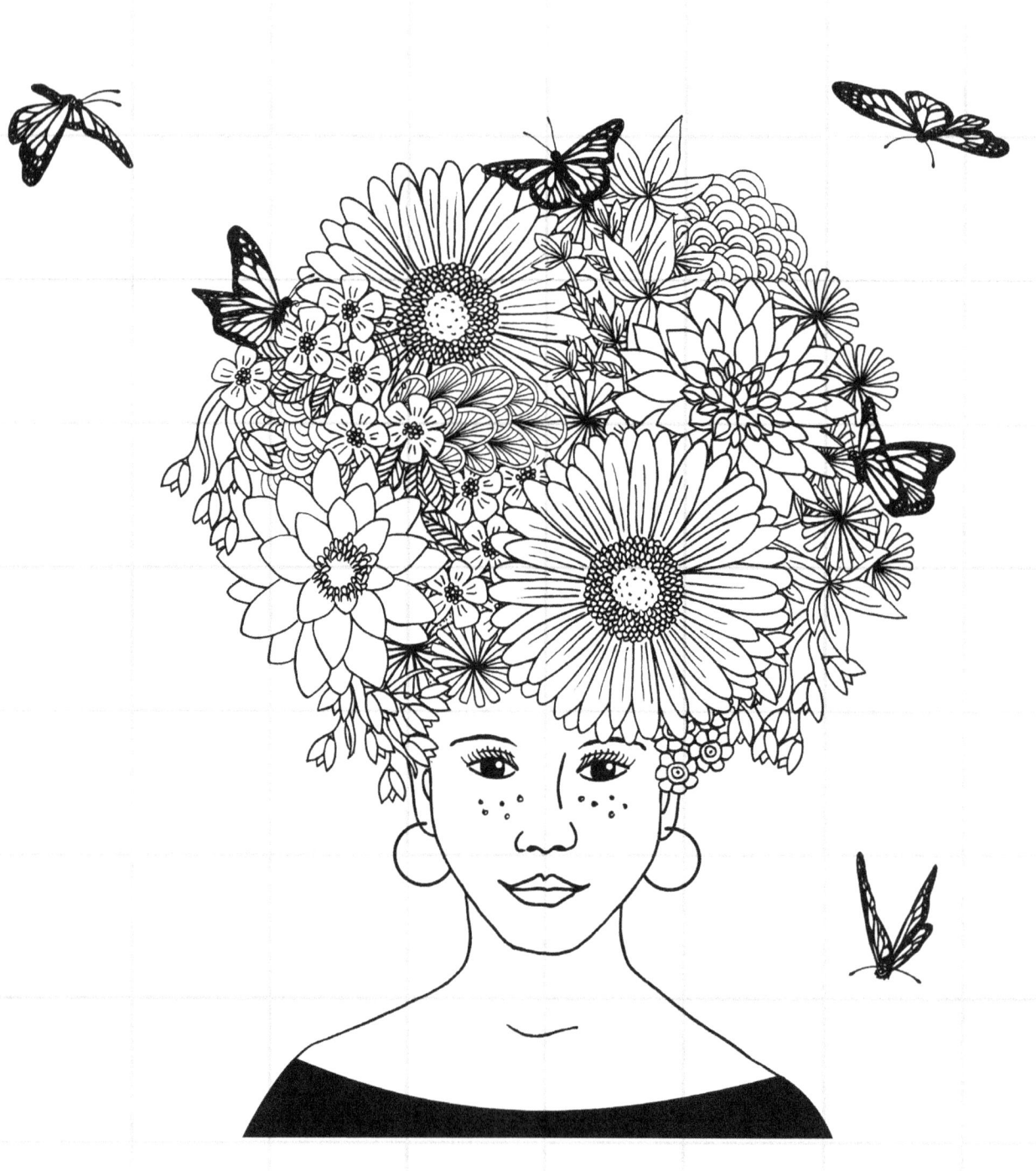

COLOR CHECK

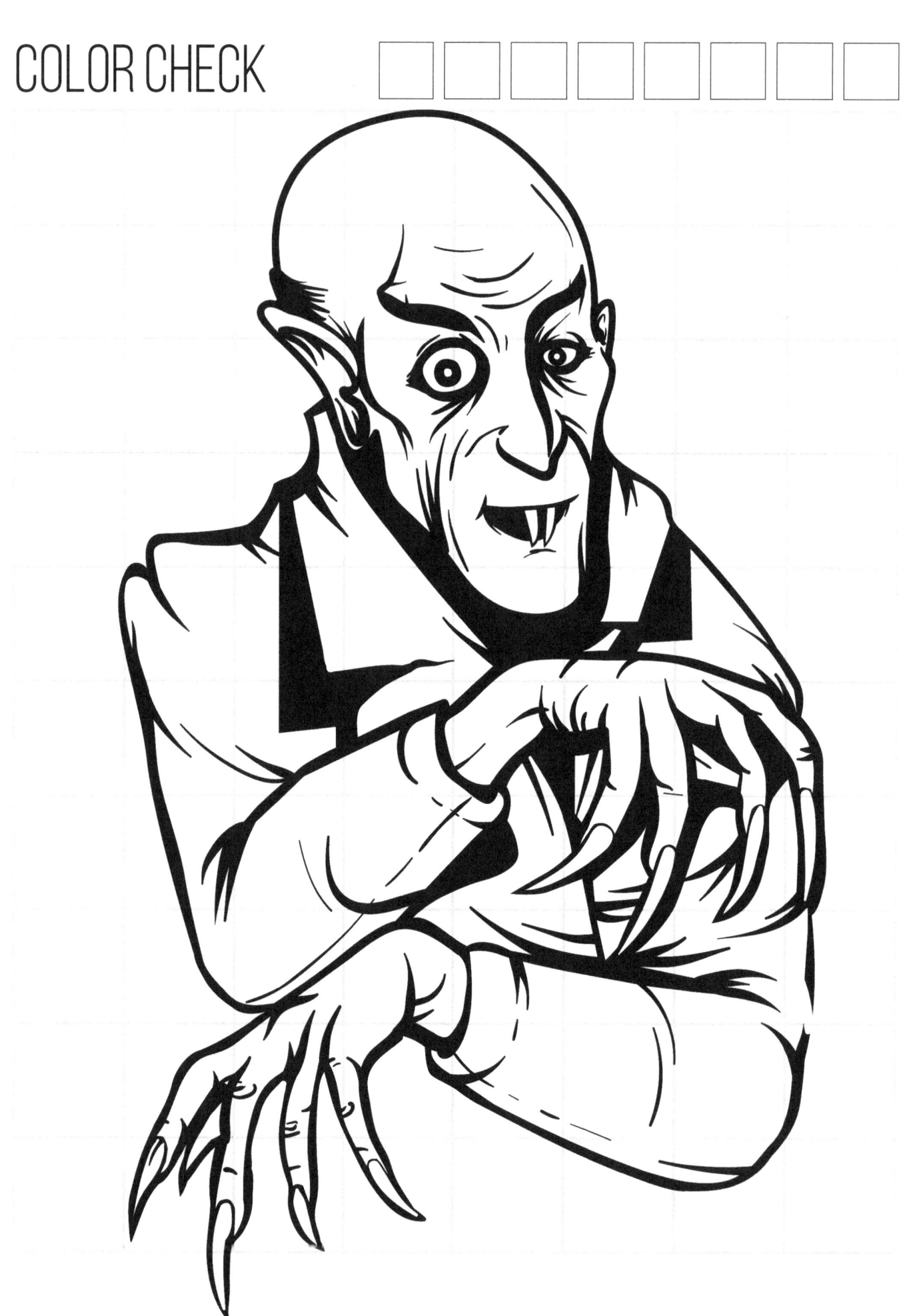

COLOR CHECK

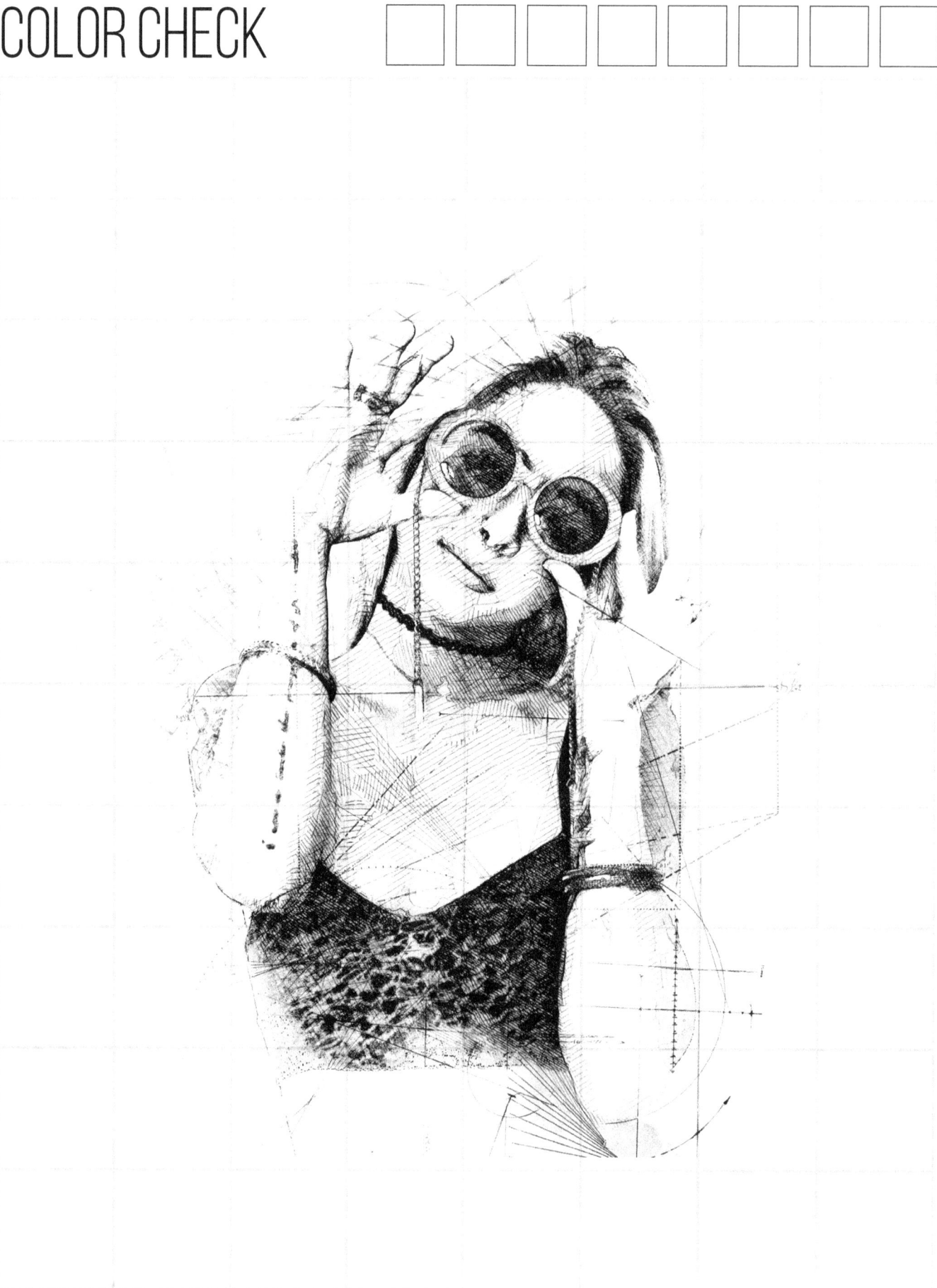

COLOR CHECK

☐ ☐ ☐ ☐ ☐ ☐ ☐ ☐

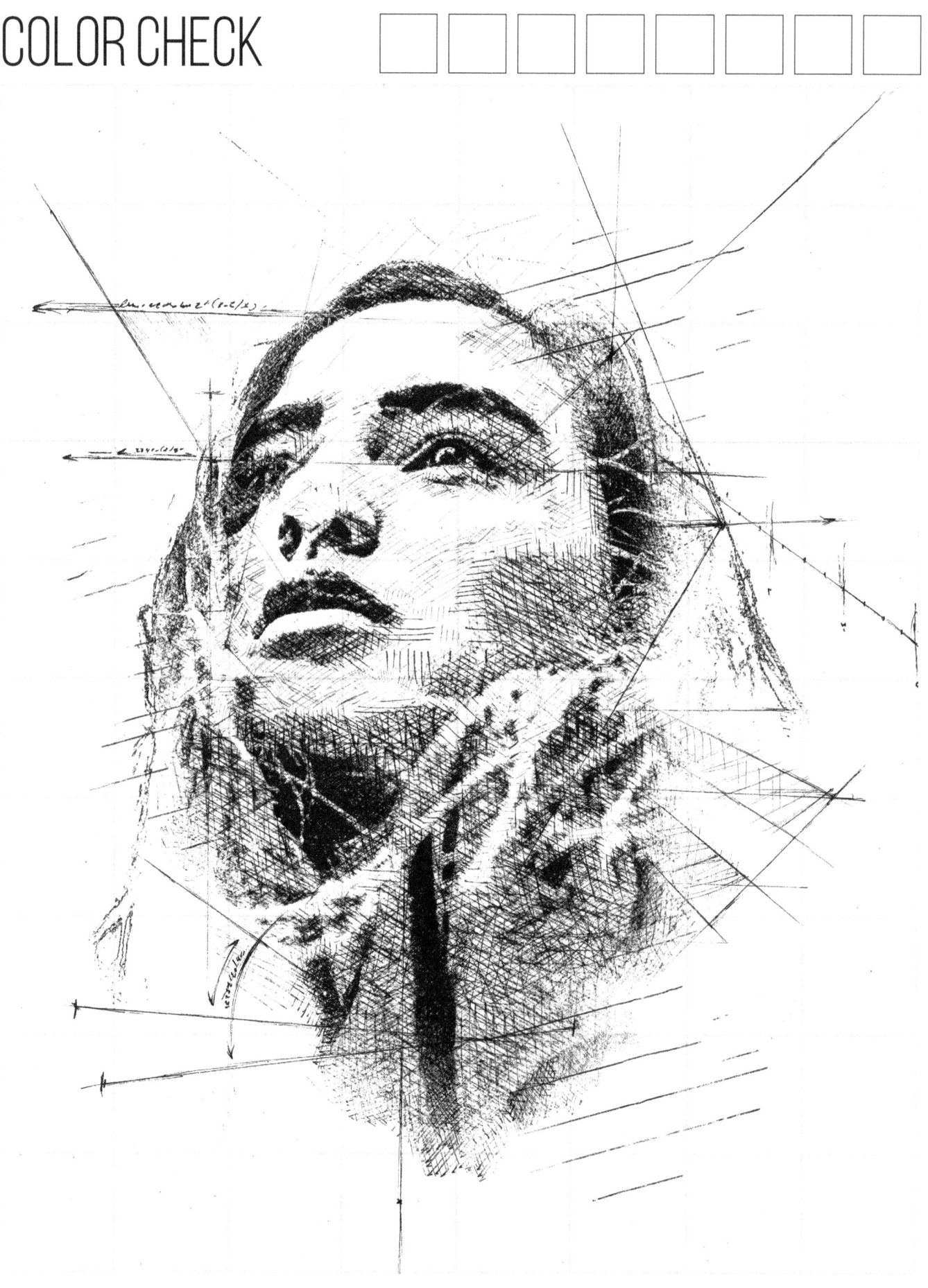

COLOR CHECK

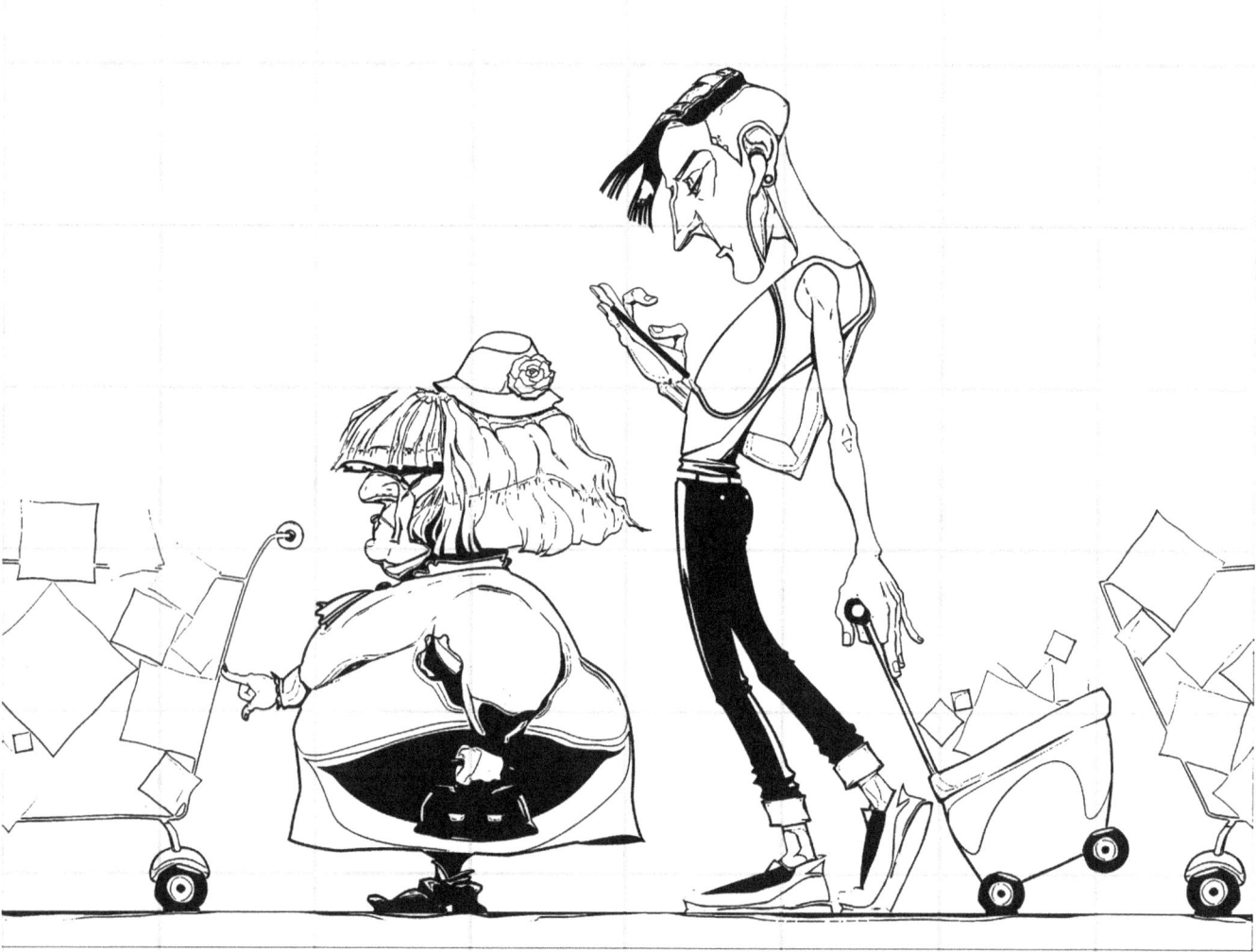

COLOR CHECK

☐ ☐ ☐ ☐ ☐ ☐ ☐ ☐

COLOR CHECK

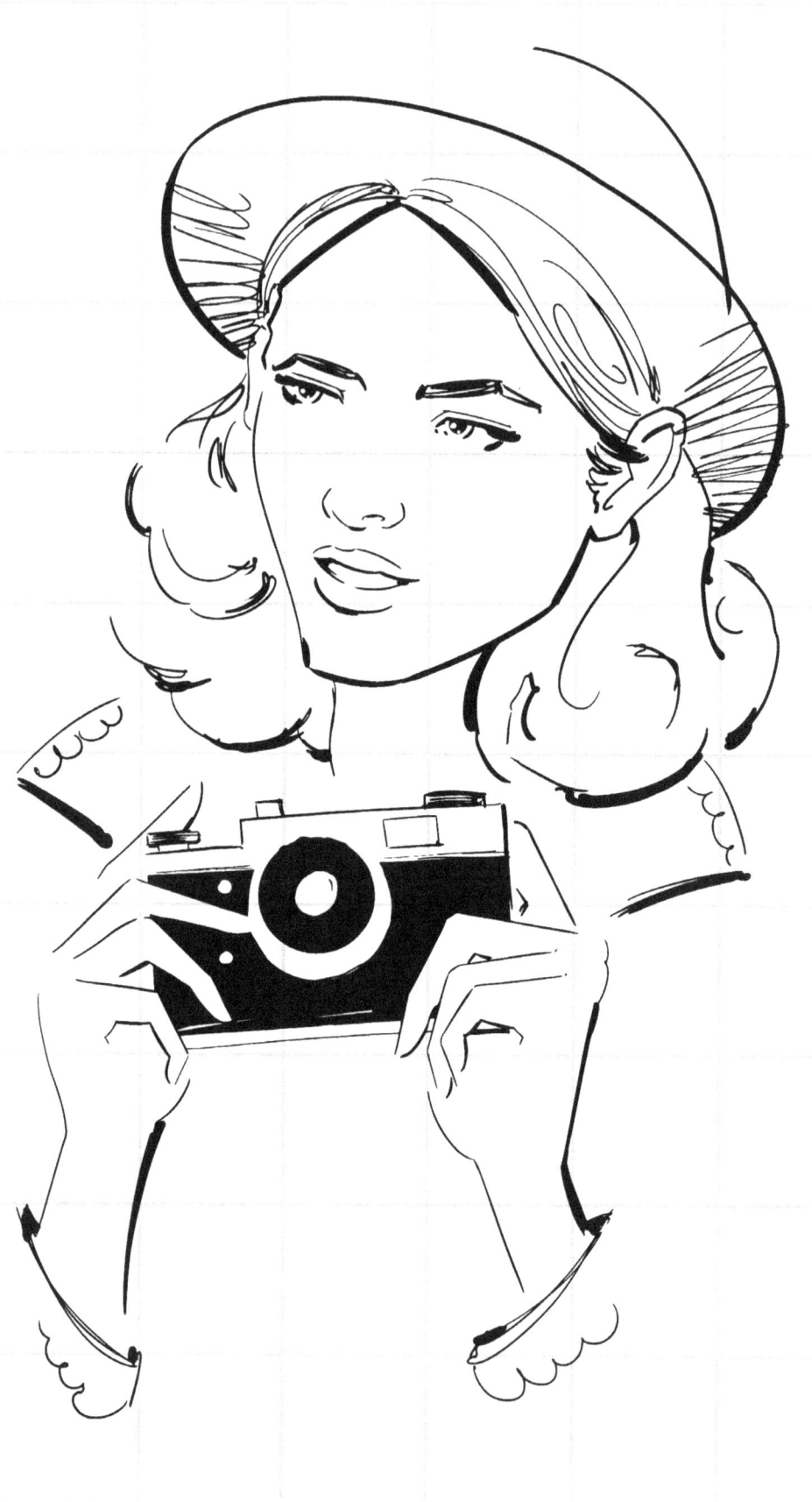

COLOR CHECK

☐ ☐ ☐ ☐ ☐ ☐ ☐ ☐

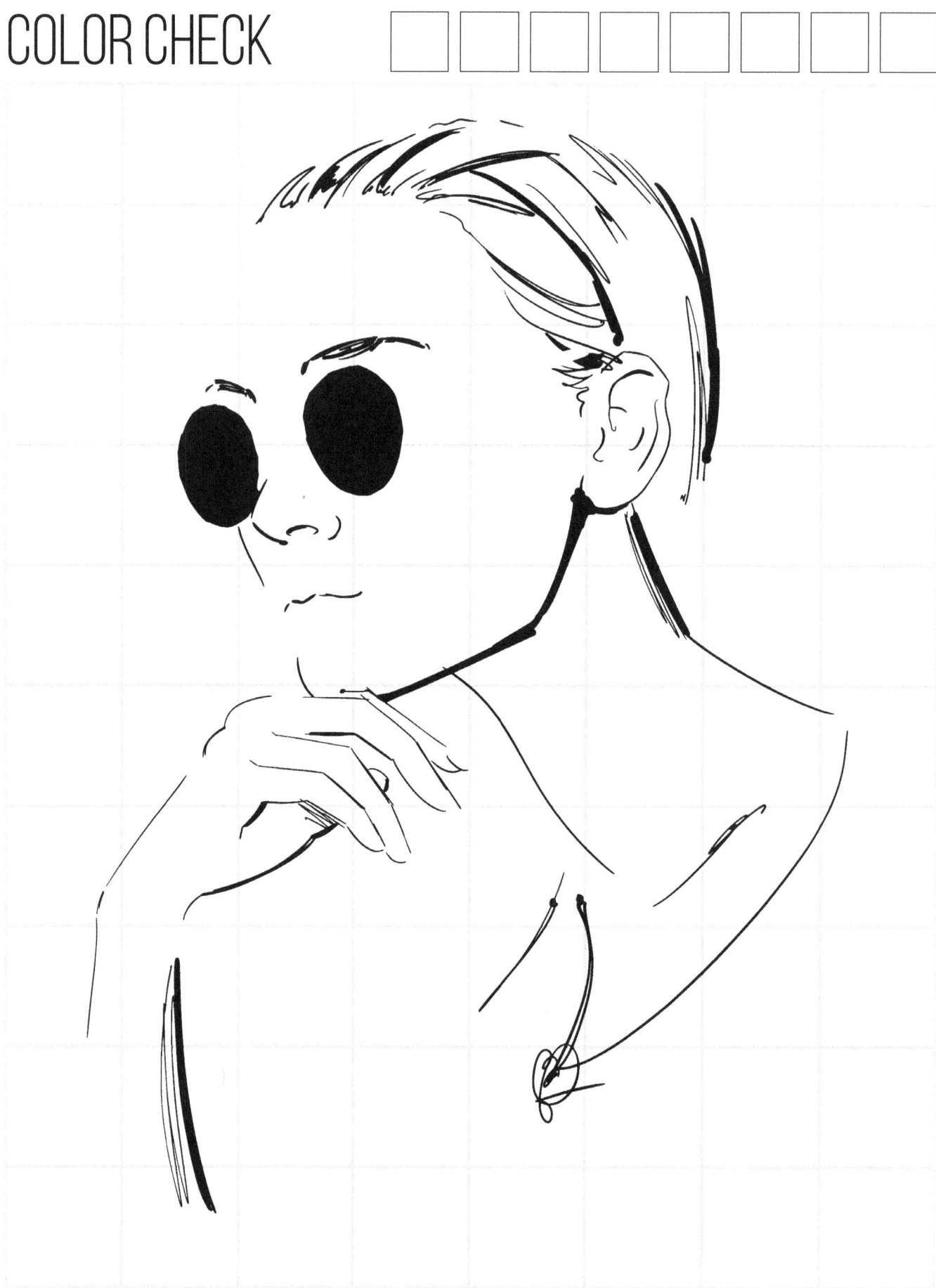

COLOR CHECK

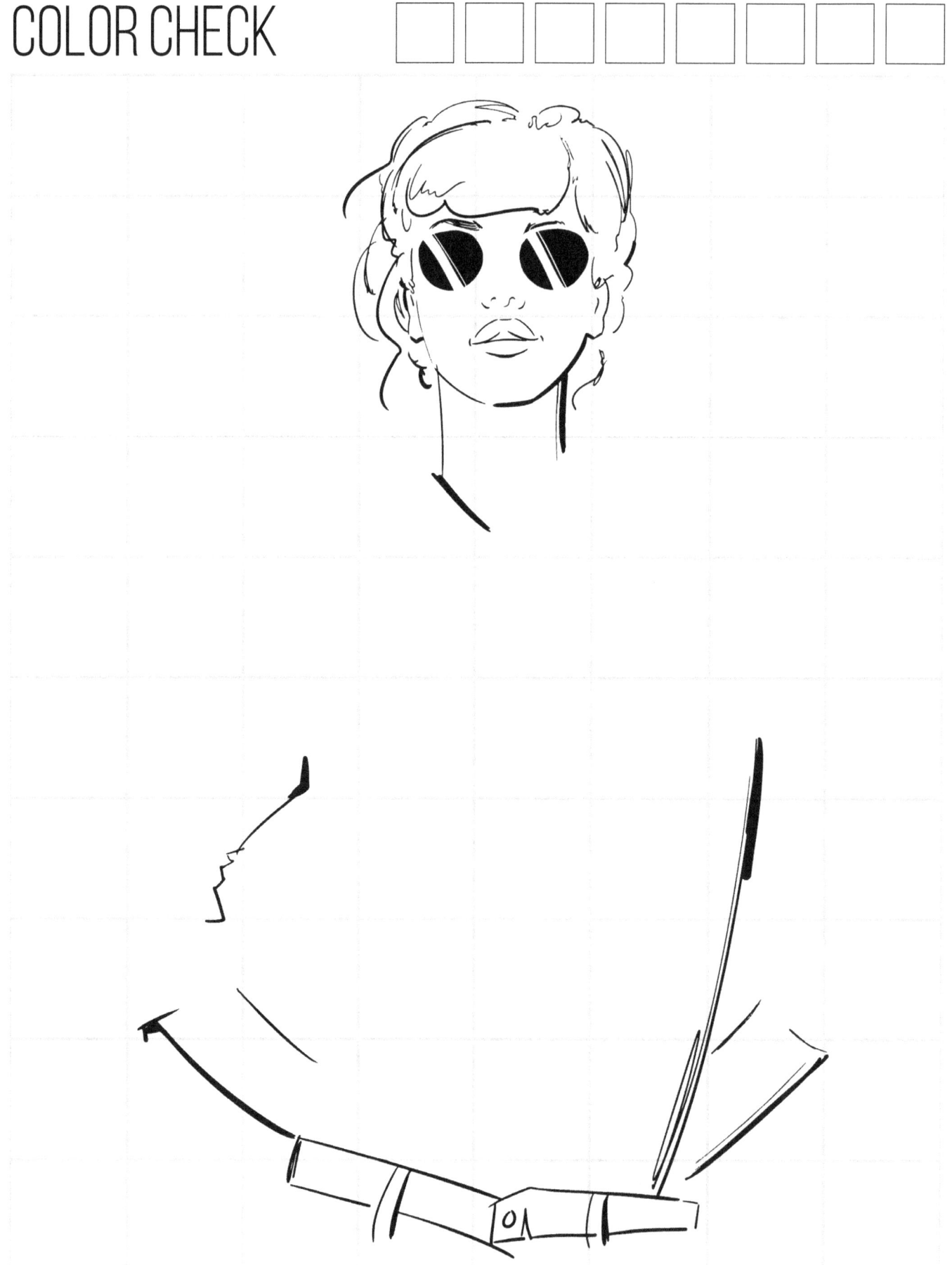

COLOR CHECK

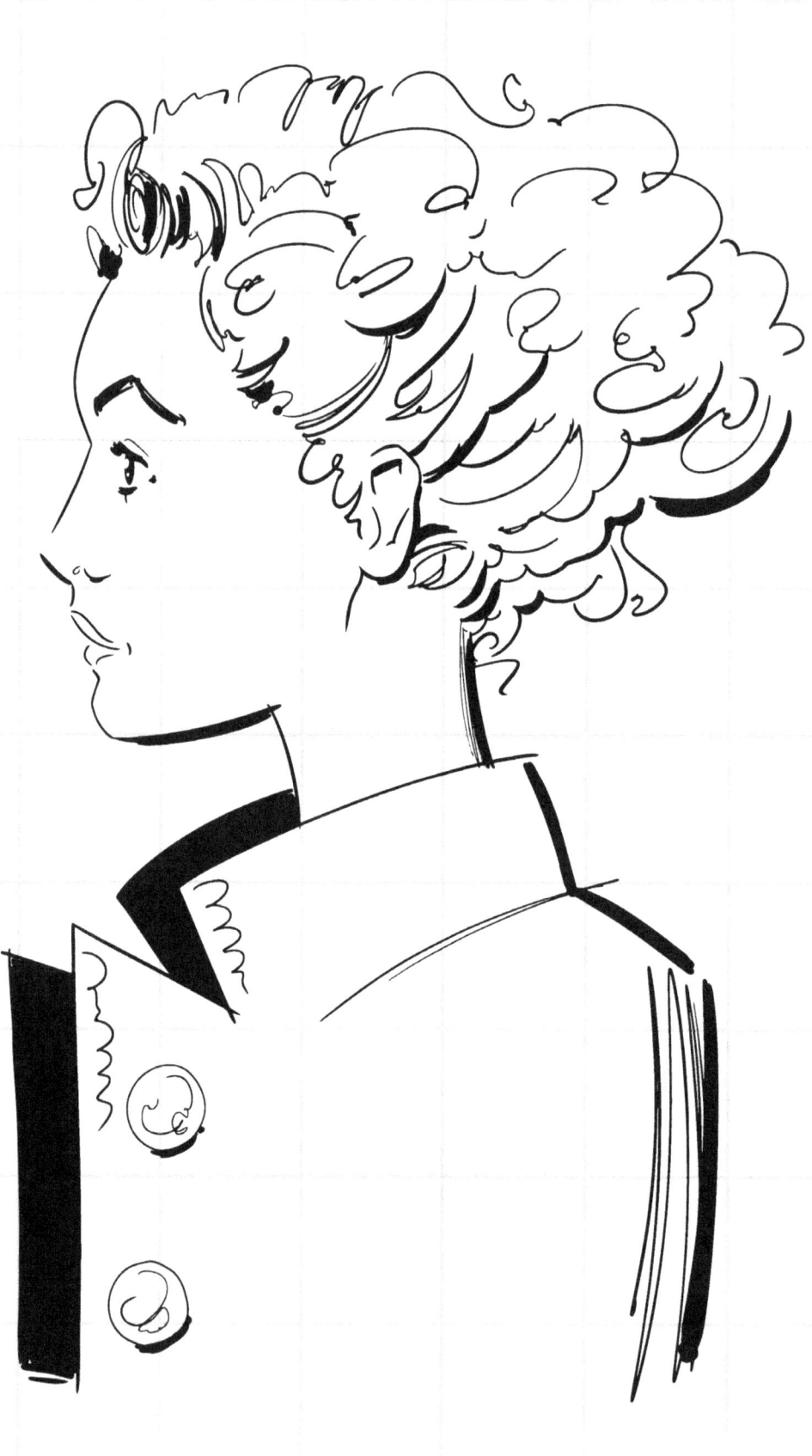

IF YOU ENJOYED THIS BOOK, WE WOULD APRECIATE AN YOUR REVIEW ON AMAZON. IT WILL HELP US DEVELOPPING NEW AMAZING BOOKS LIKE THIS.

FOR ANY SUGGESTION, YOU FILL THE FORM AT
JO.MY/TATTOOFORBEGINNERS

THANKS

KRISTIN COLLINS

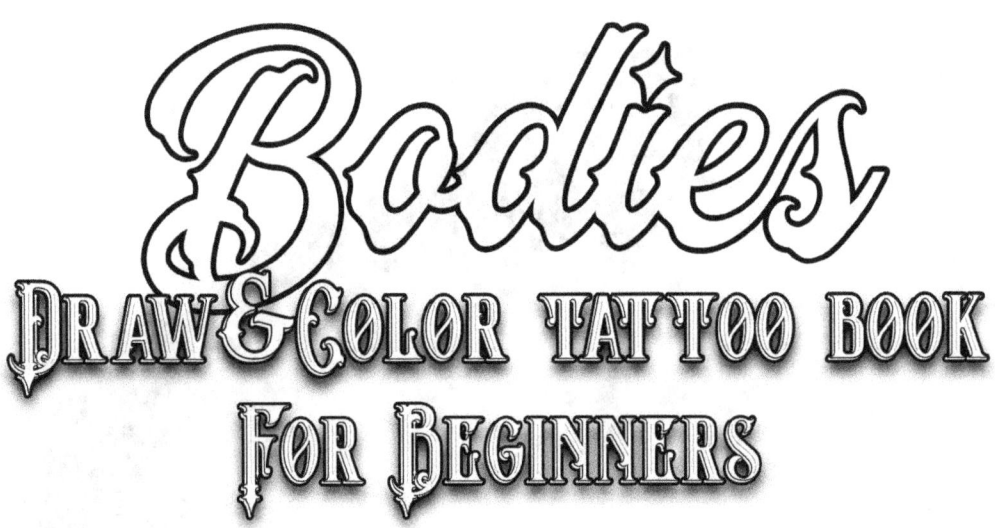

USE THE GRID TO REPLICATE THE DRAW ON THE LEFT PAGE AND COLOR THEM CREATING **YOUR ARTWORK**

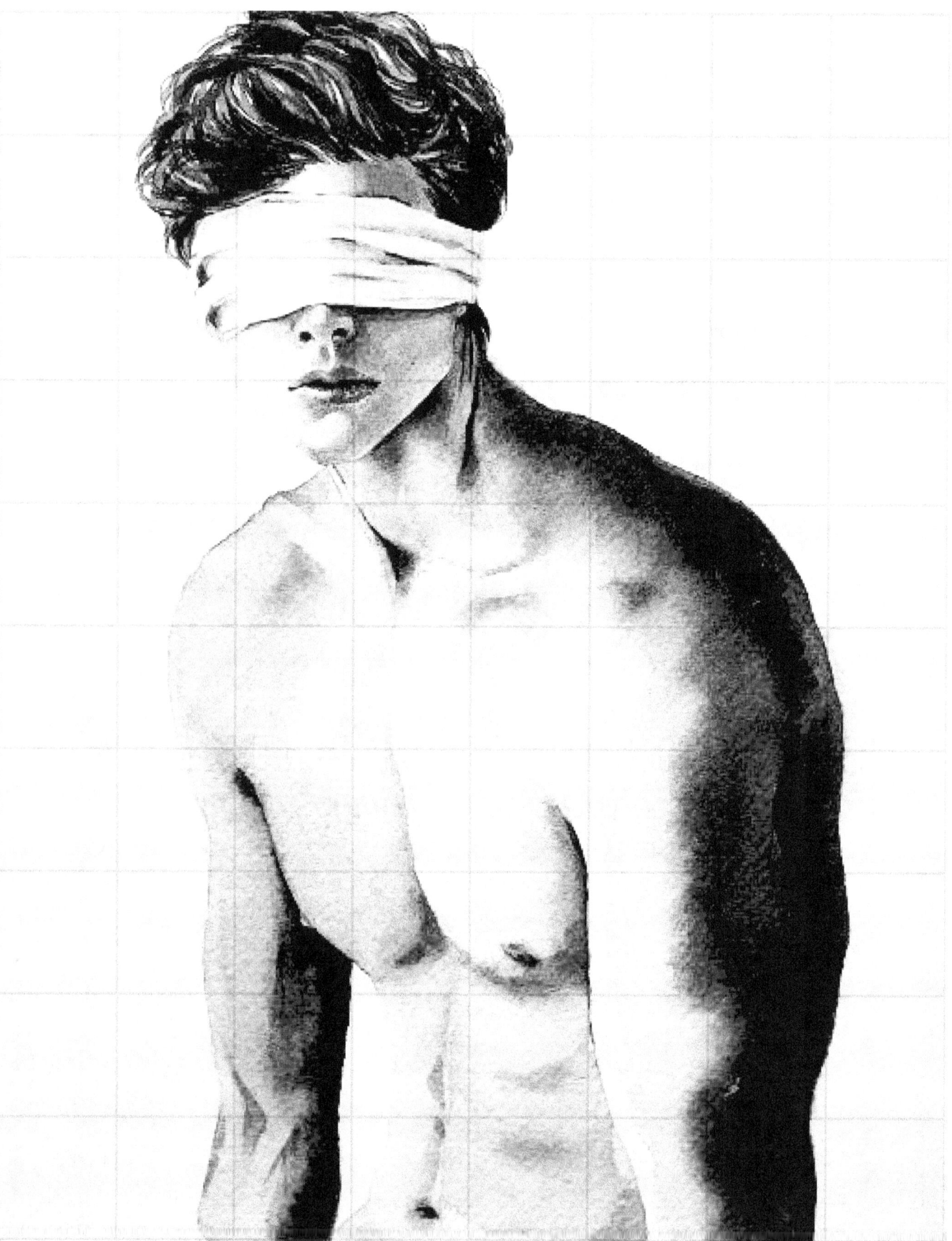

COLOR CHECK

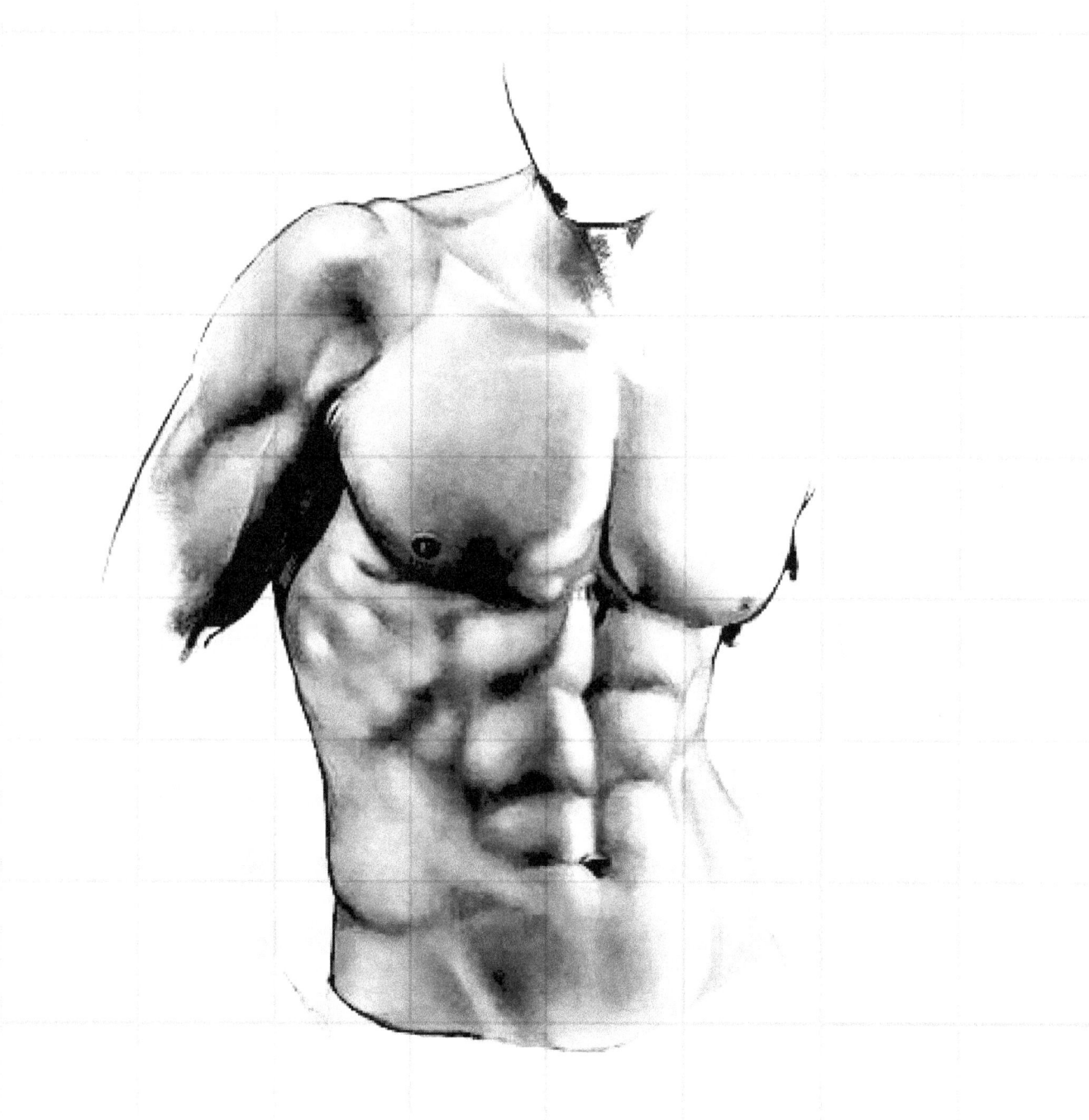

COLOR CHECK

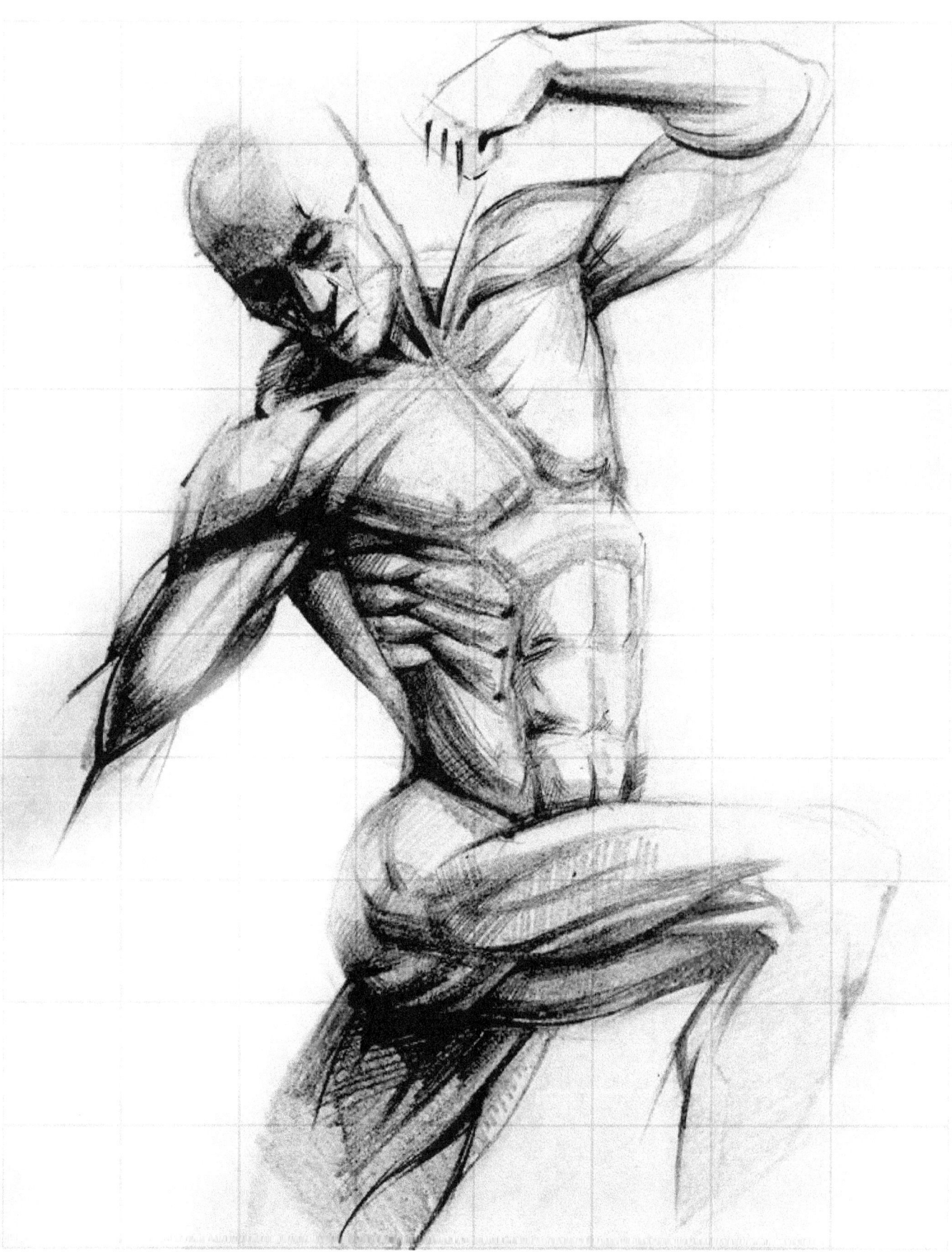

COLOR CHECK

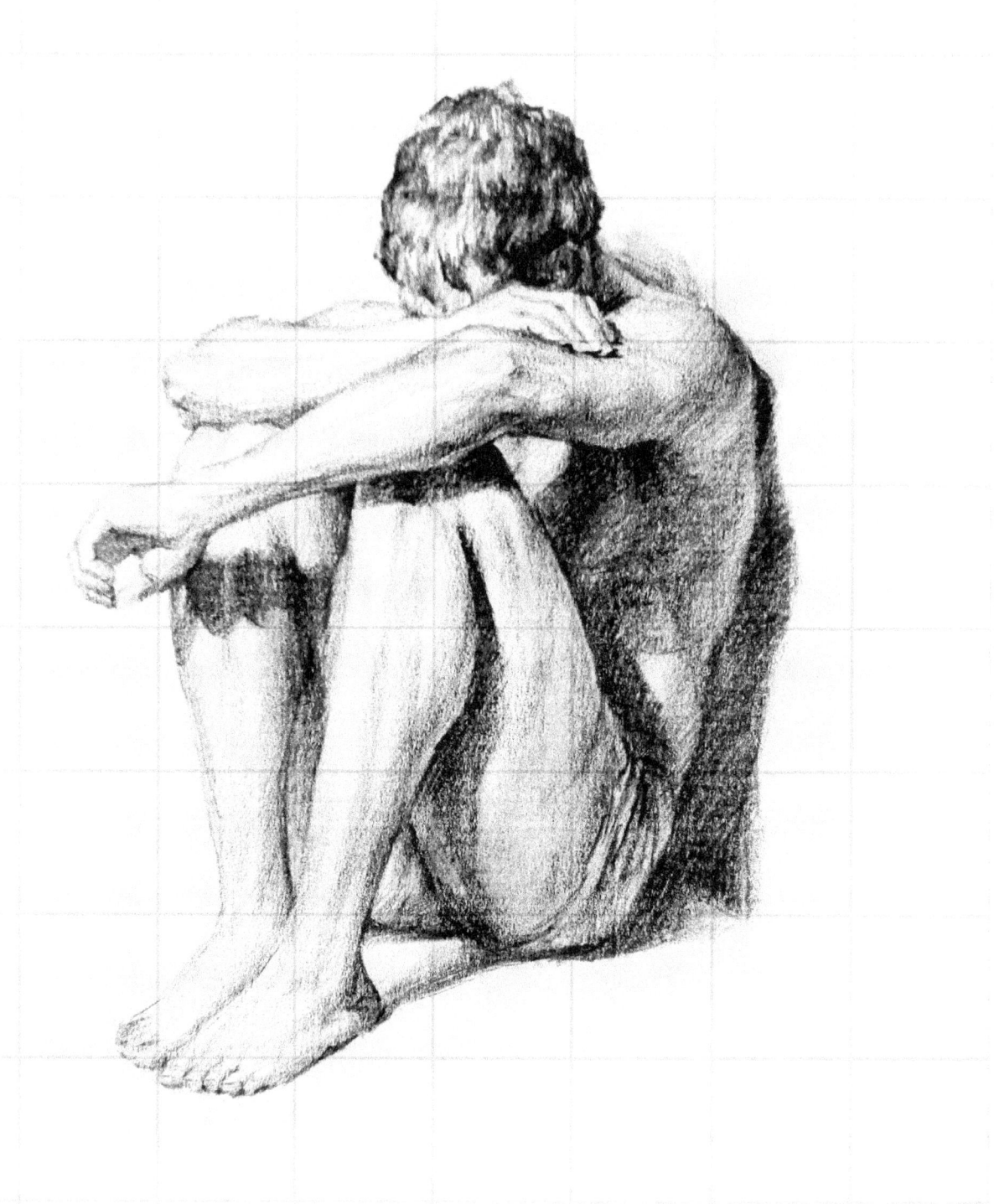

COLOR CHECK

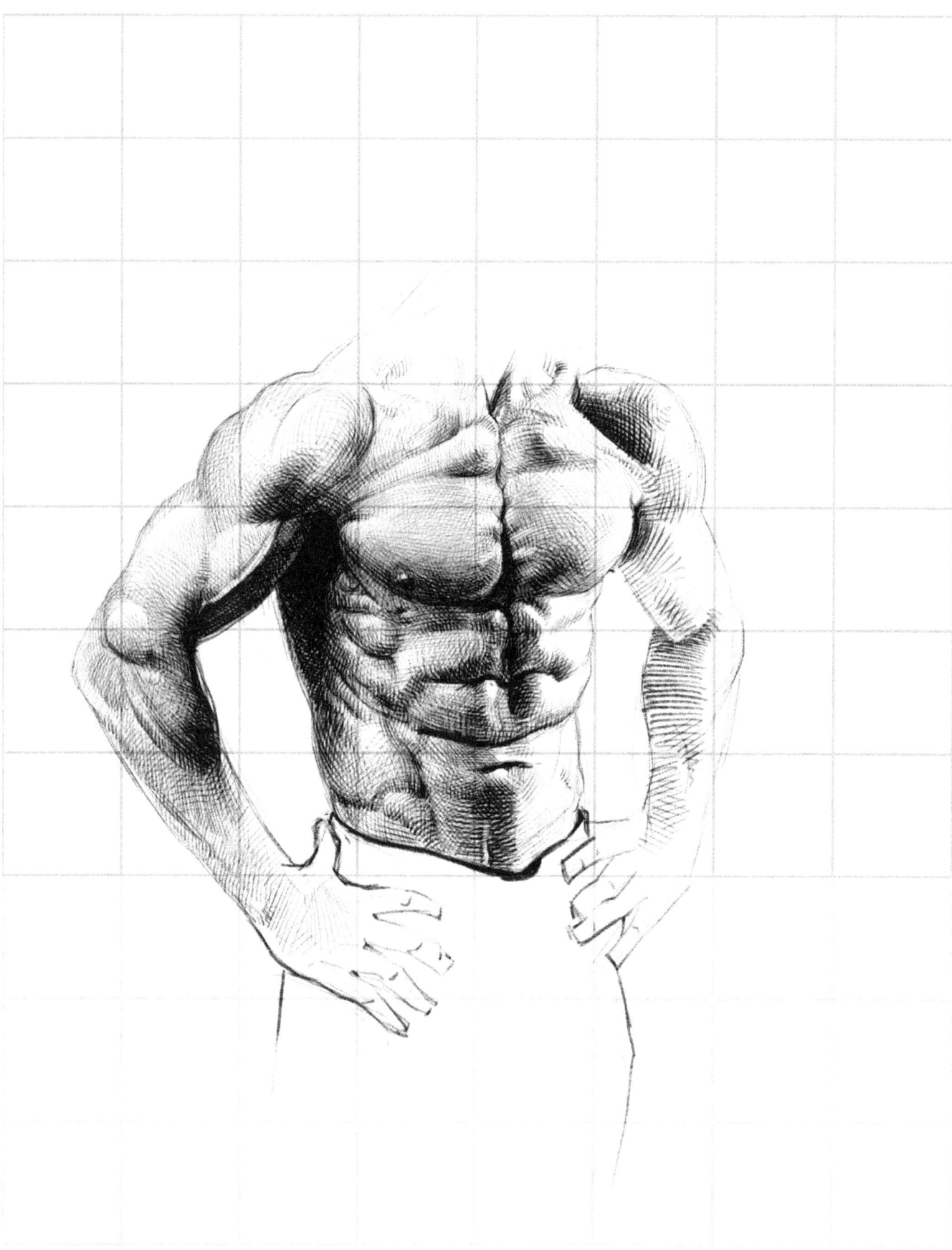

COLOR CHECK

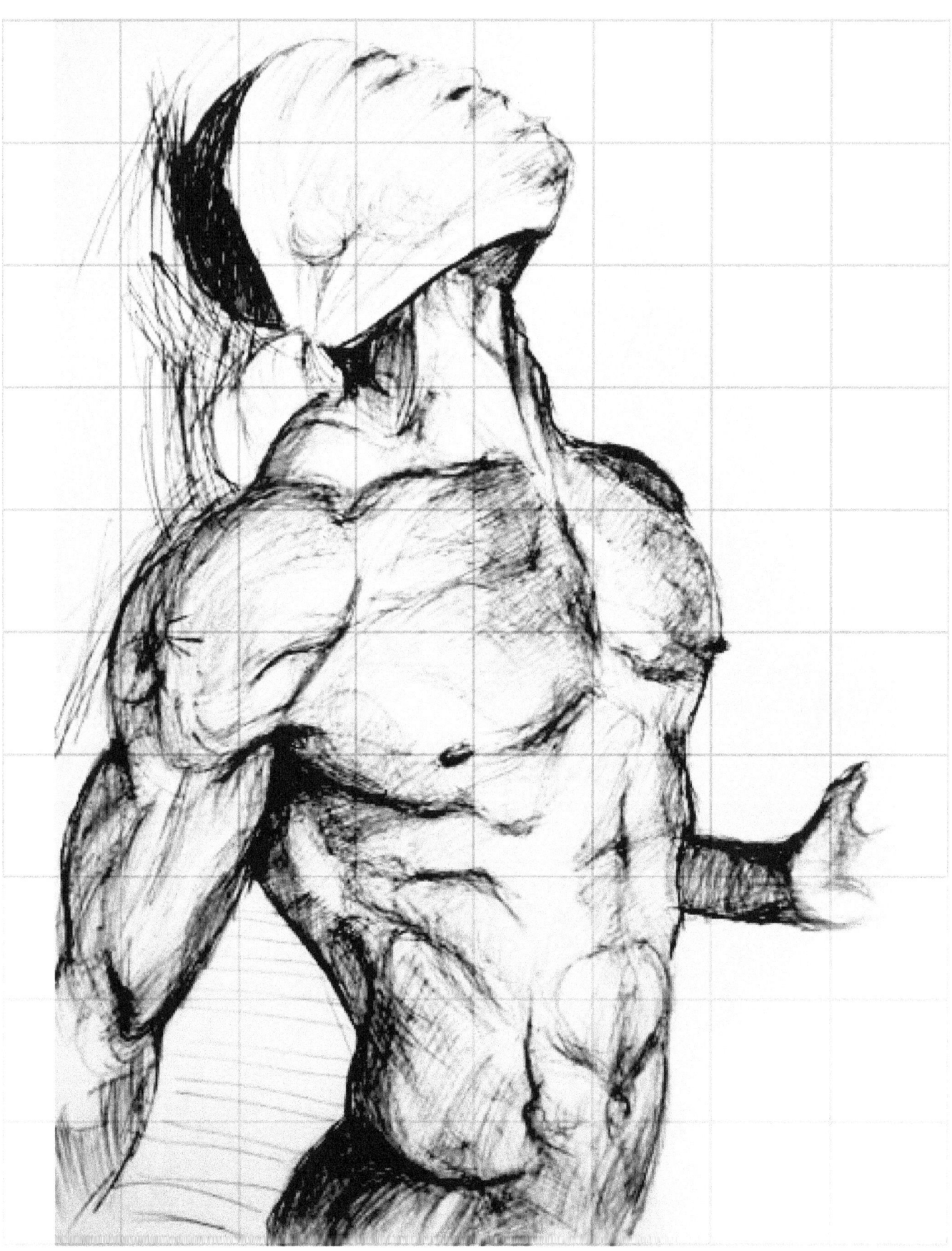

COLOR CHECK

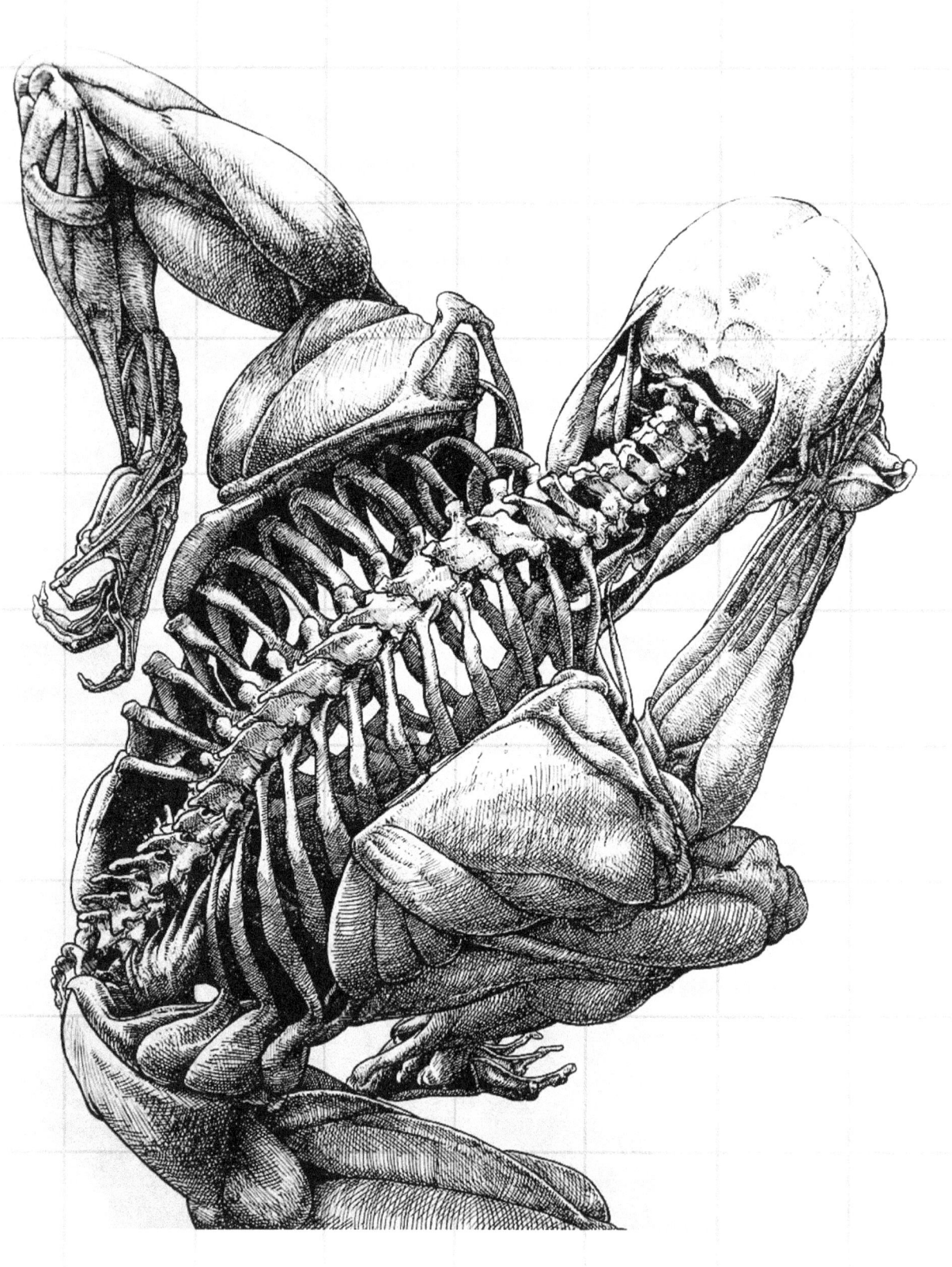

COLOR CHECK

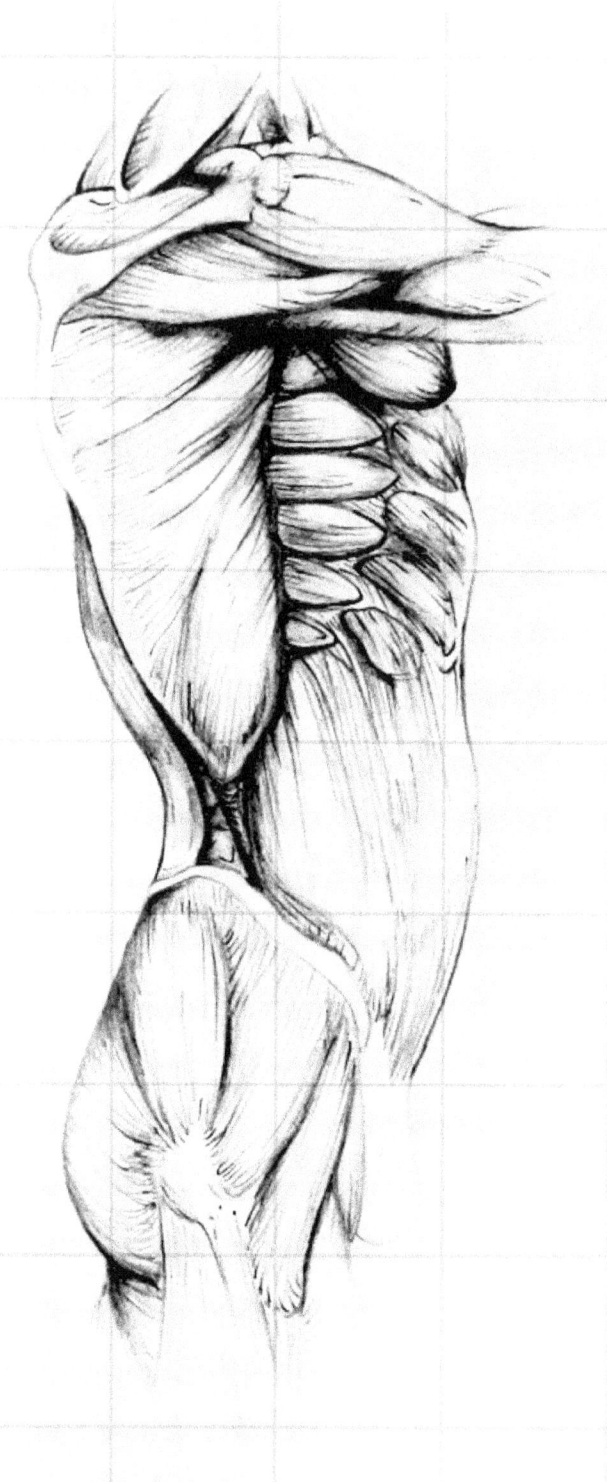

COLOR CHECK

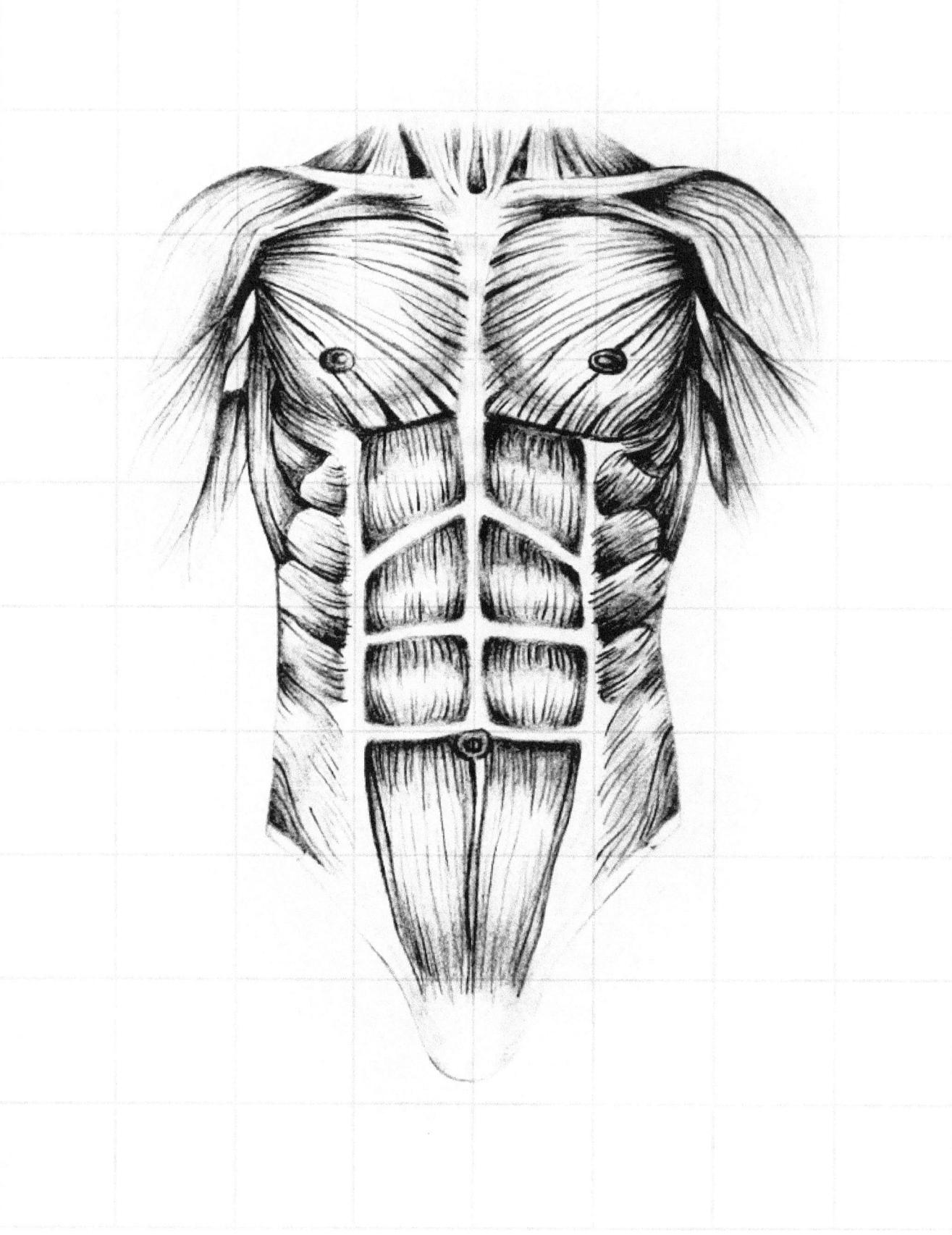

COLOR CHECK

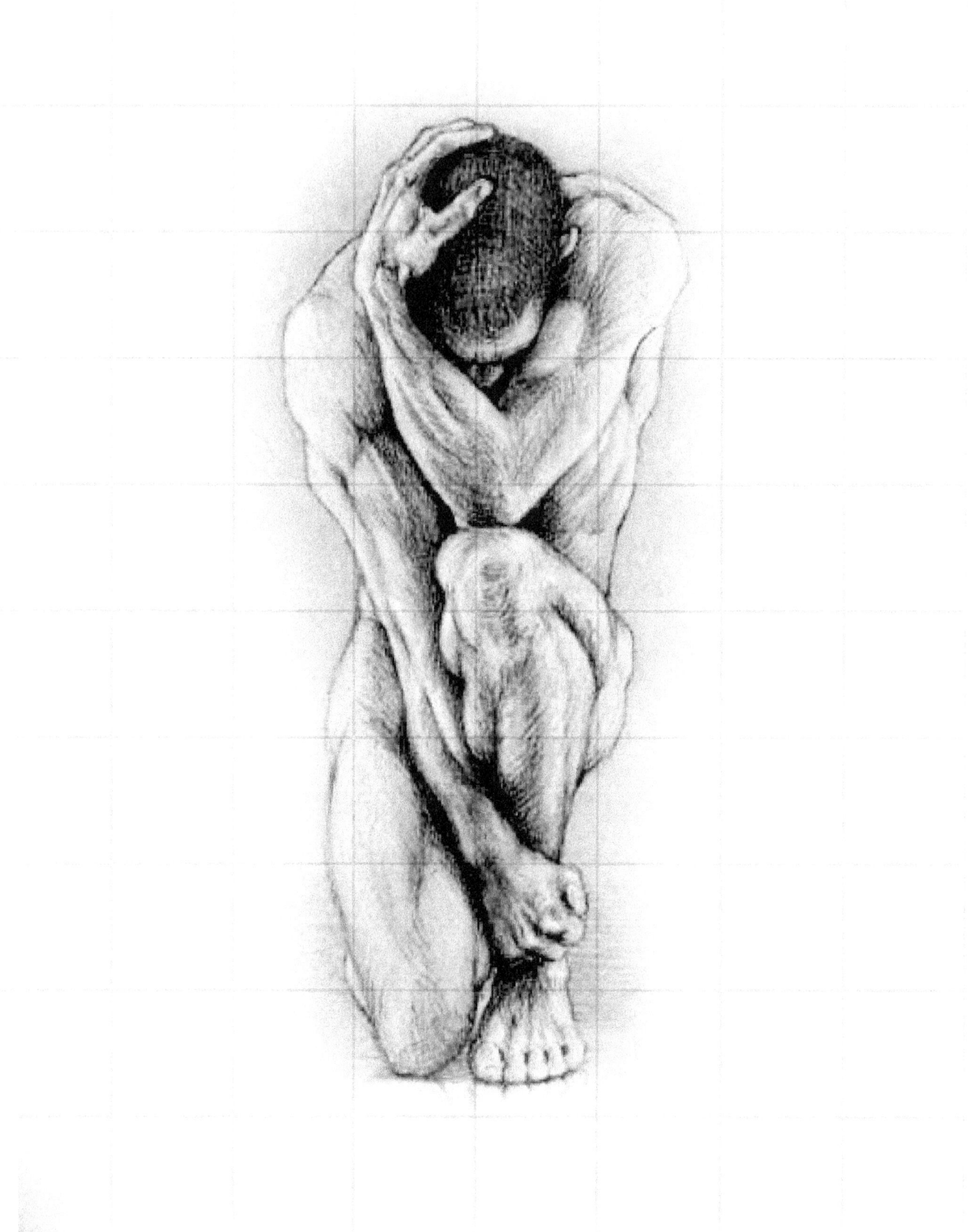

COLOR CHECK

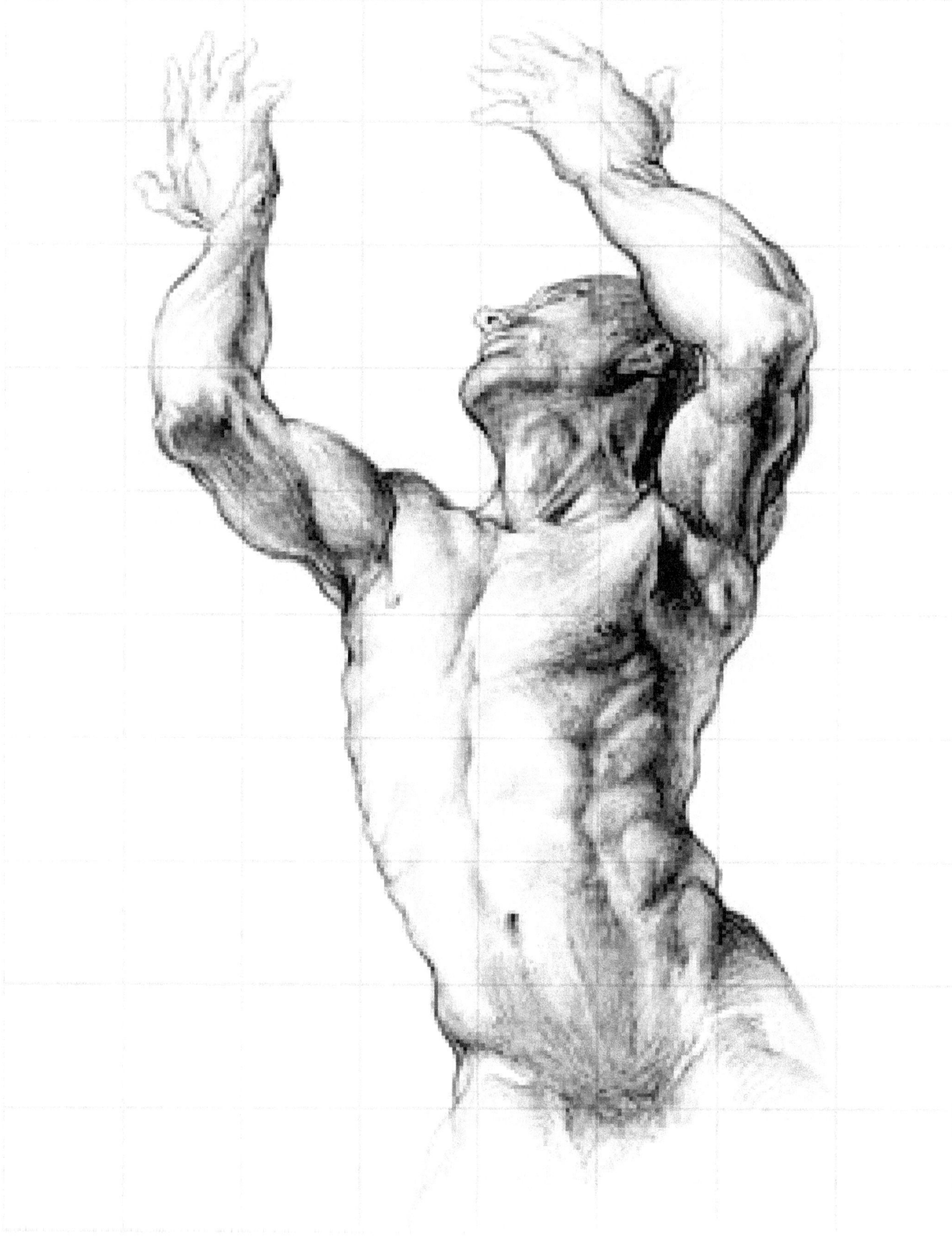

COLOR CHECK

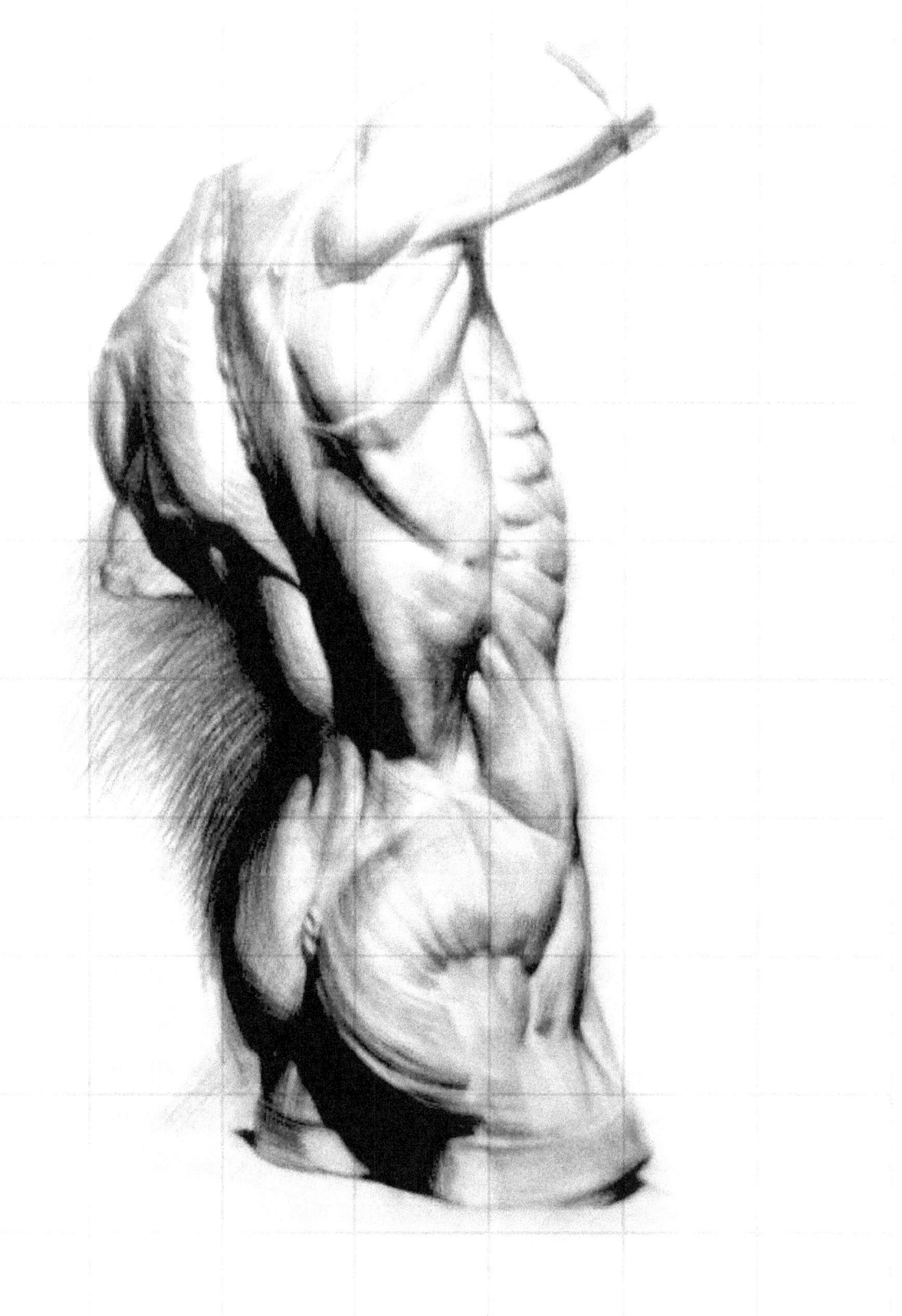

COLOR CHECK

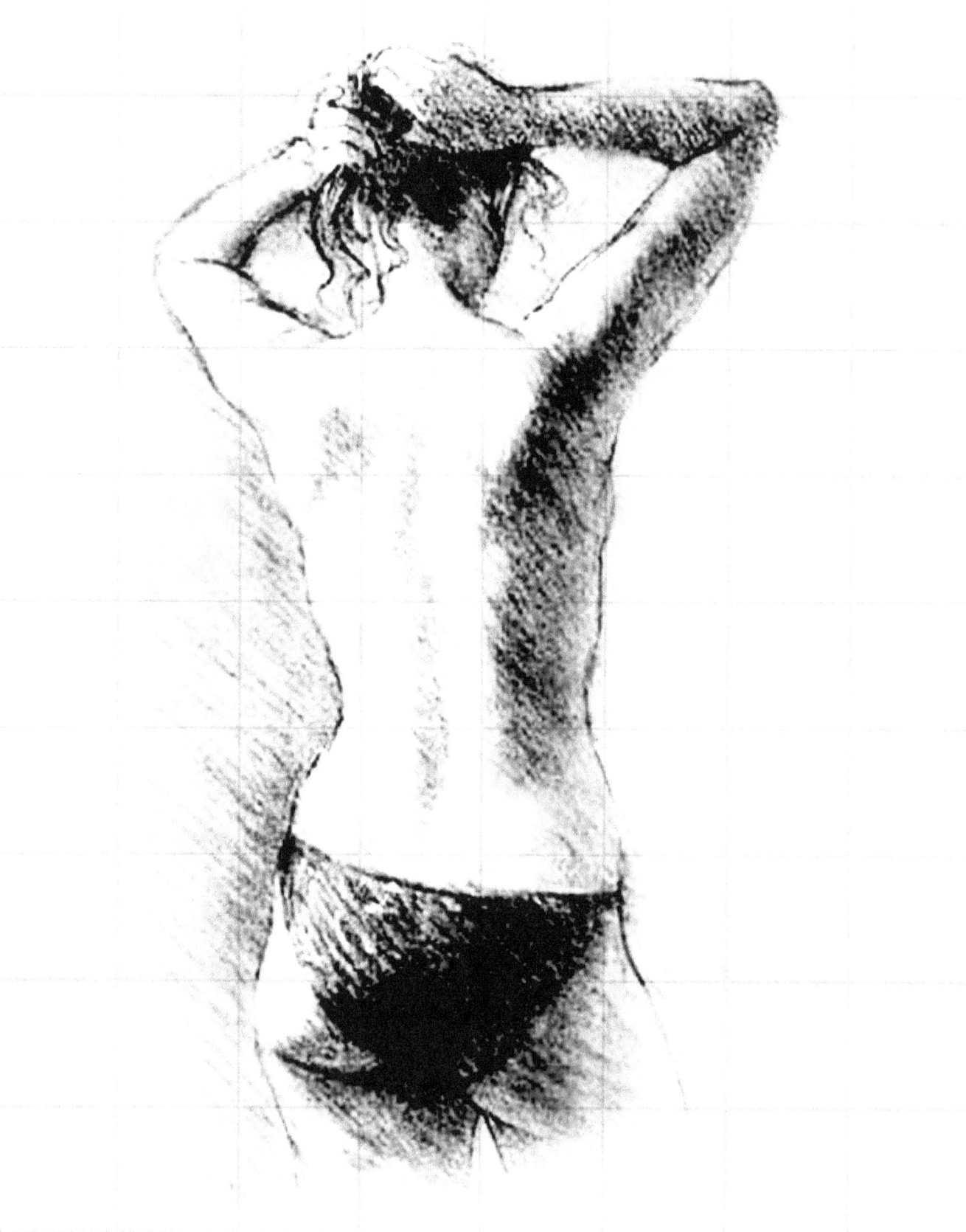

COLOR CHECK

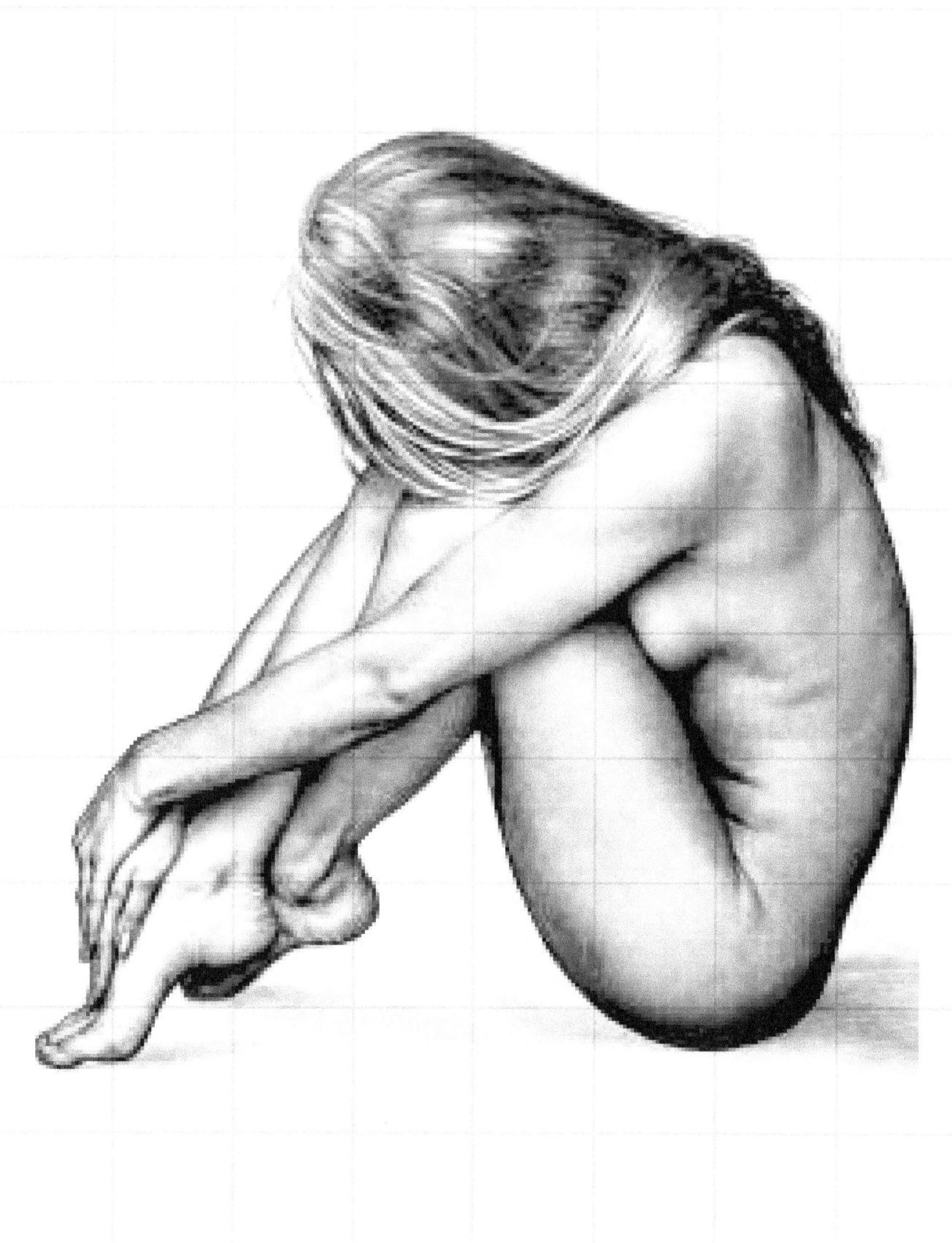

COLOR CHECK

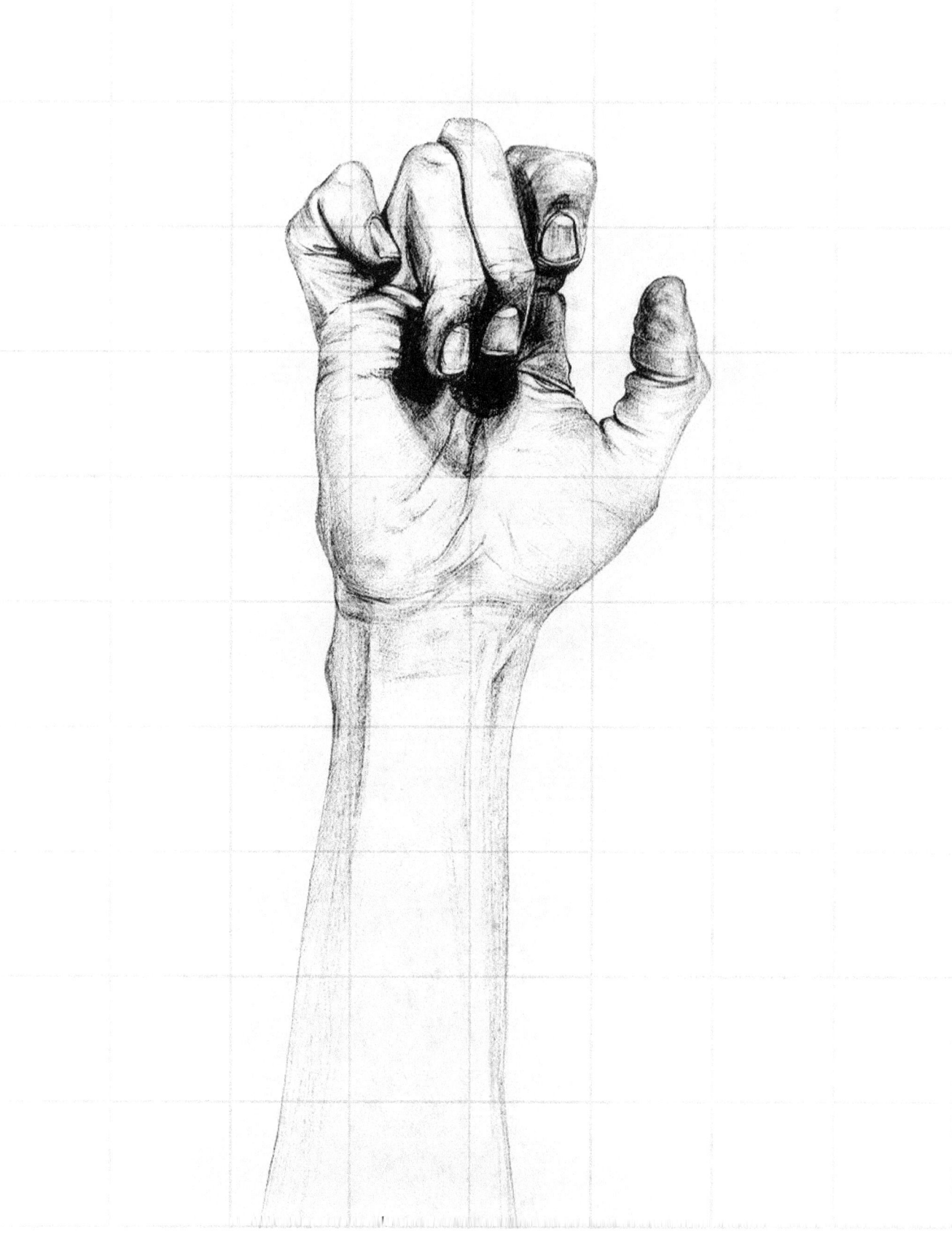

COLOR CHECK

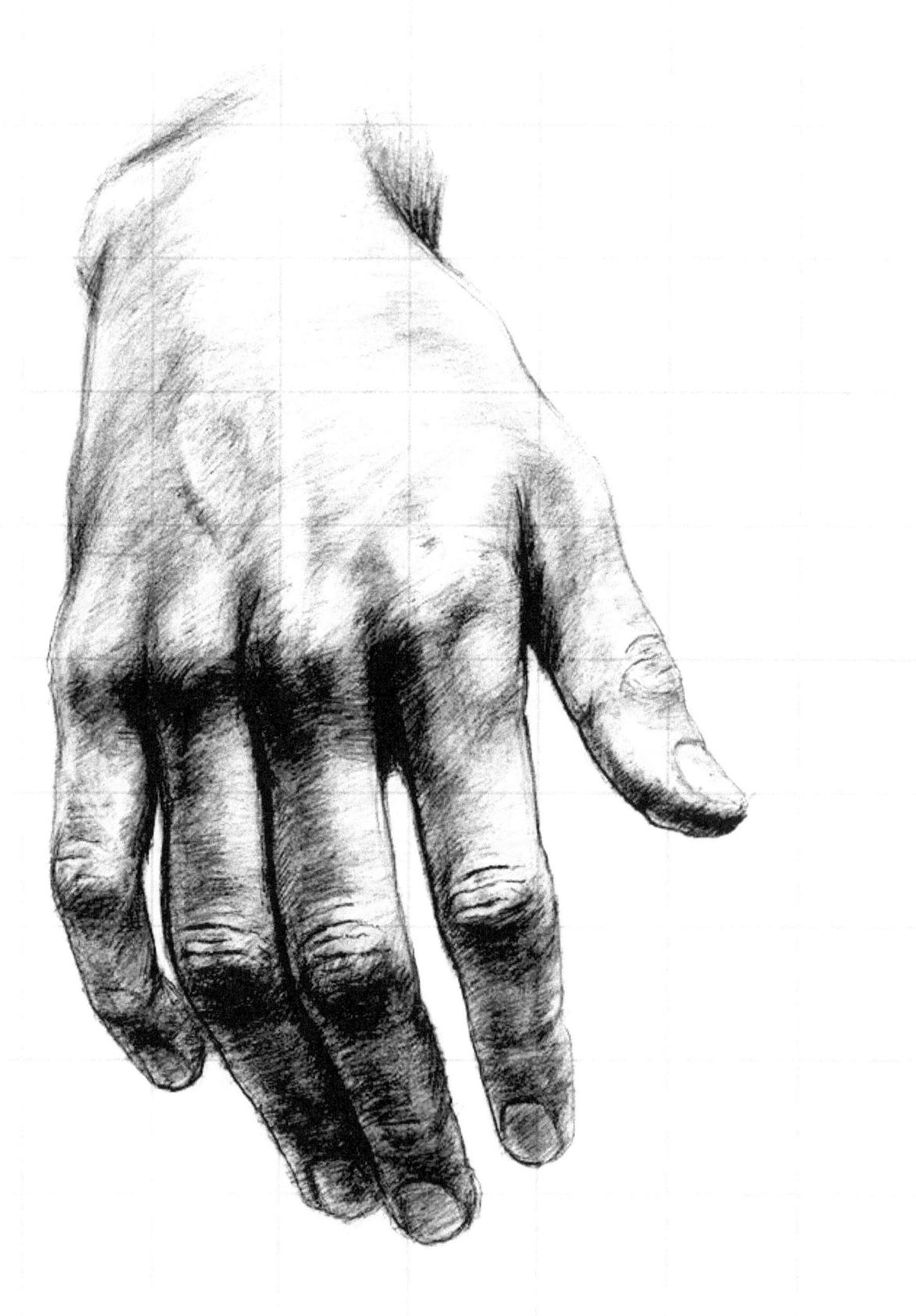

COLOR CHECK

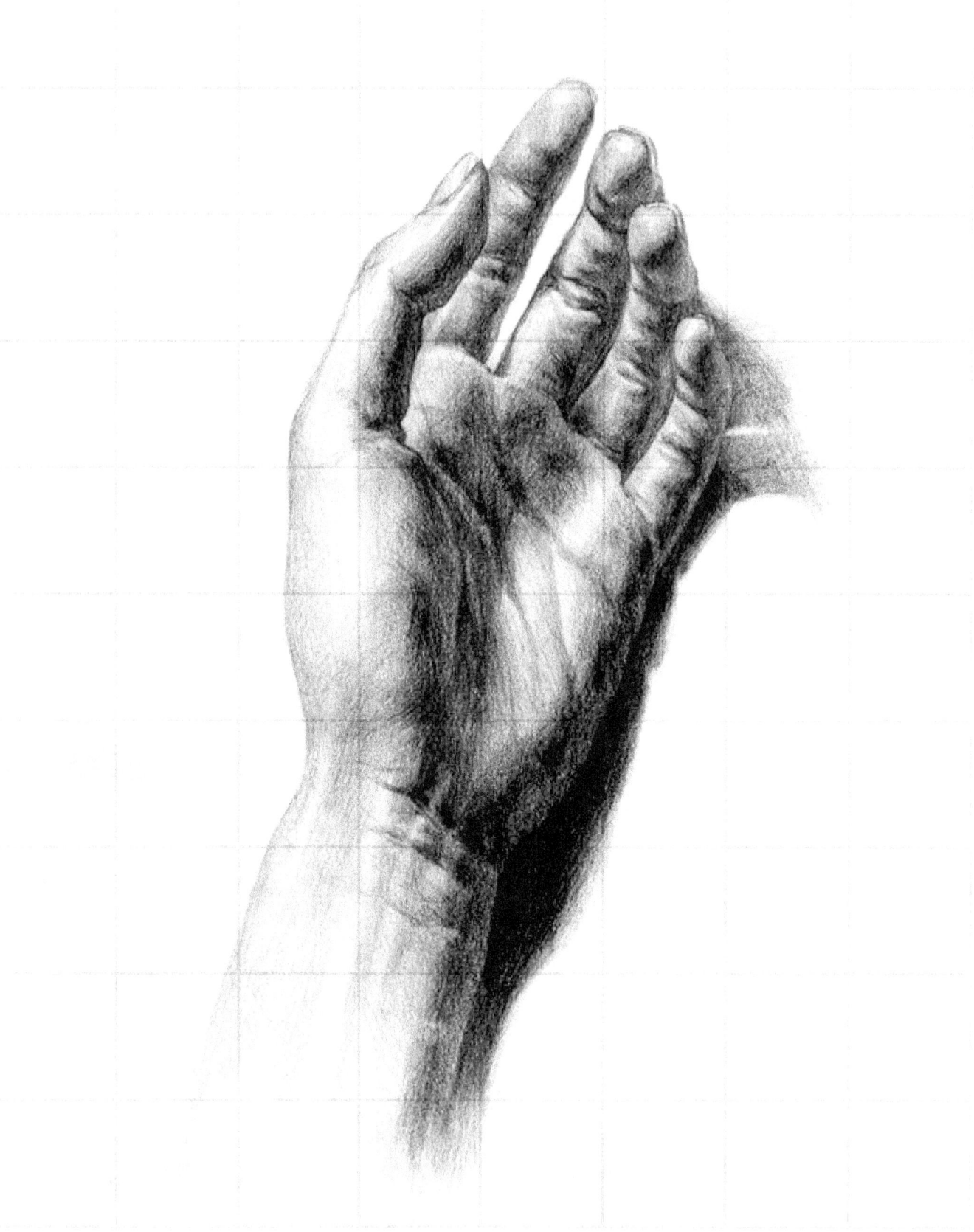

COLOR CHECK

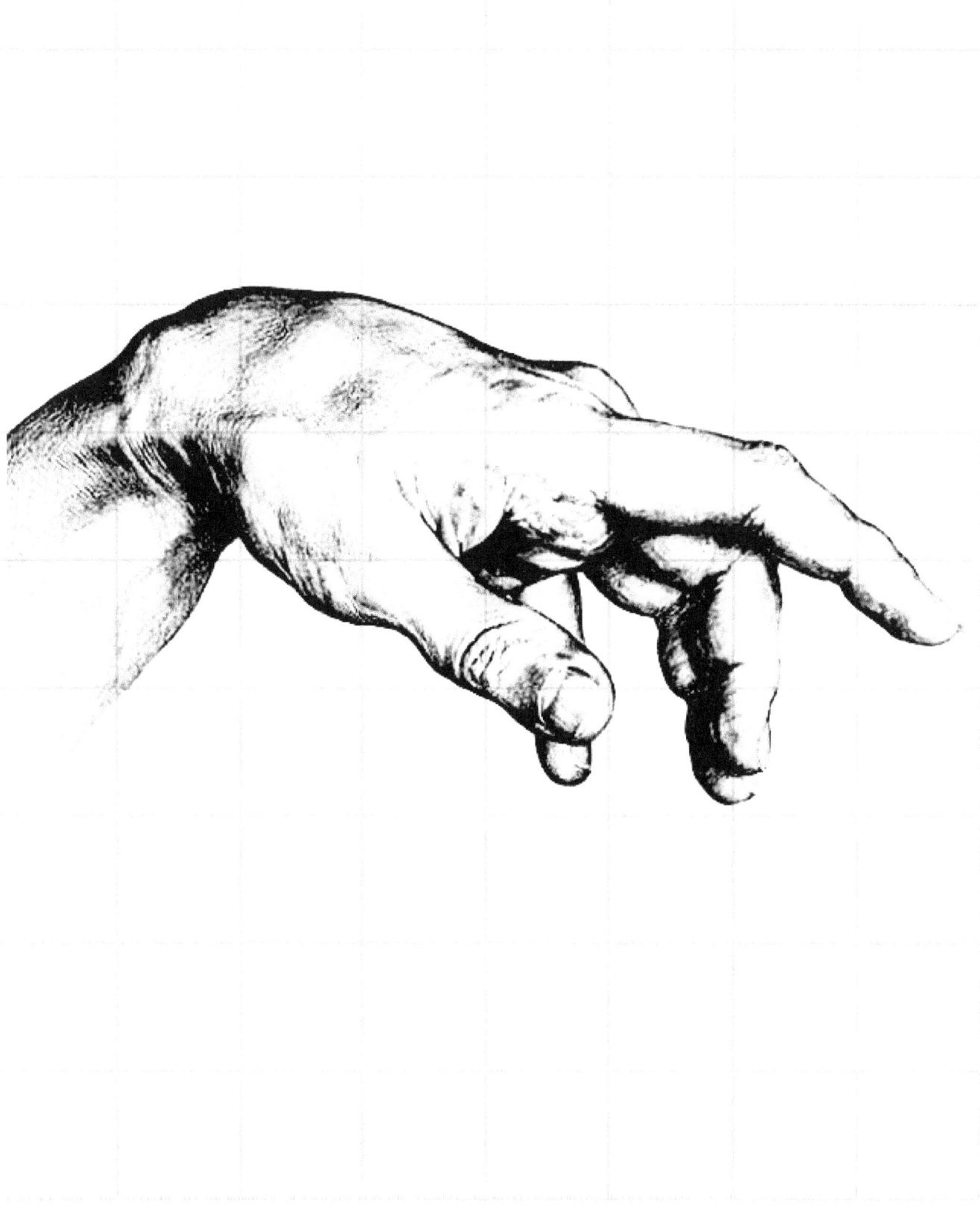

COLOR CHECK

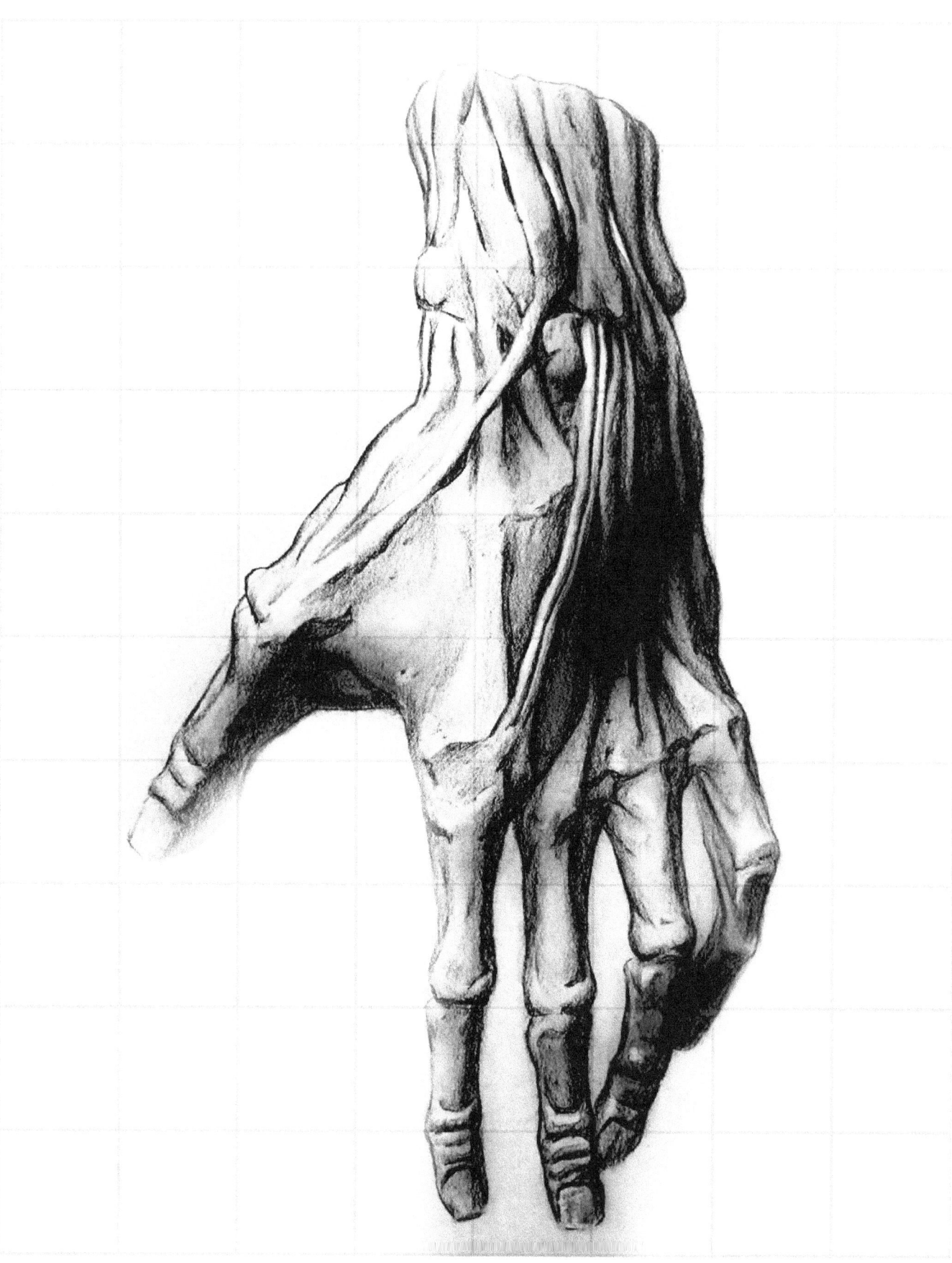

COLOR CHECK

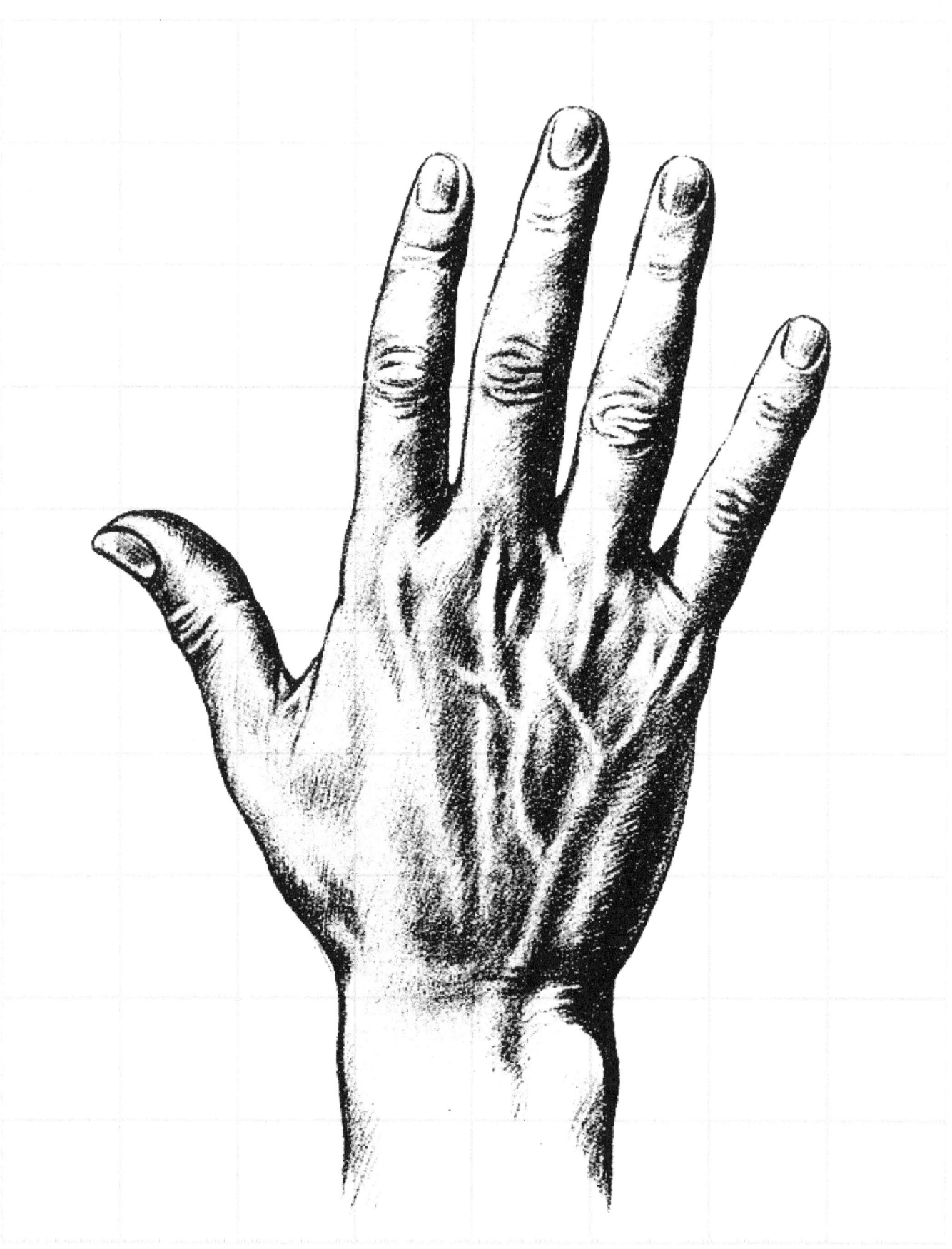

COLOR CHECK

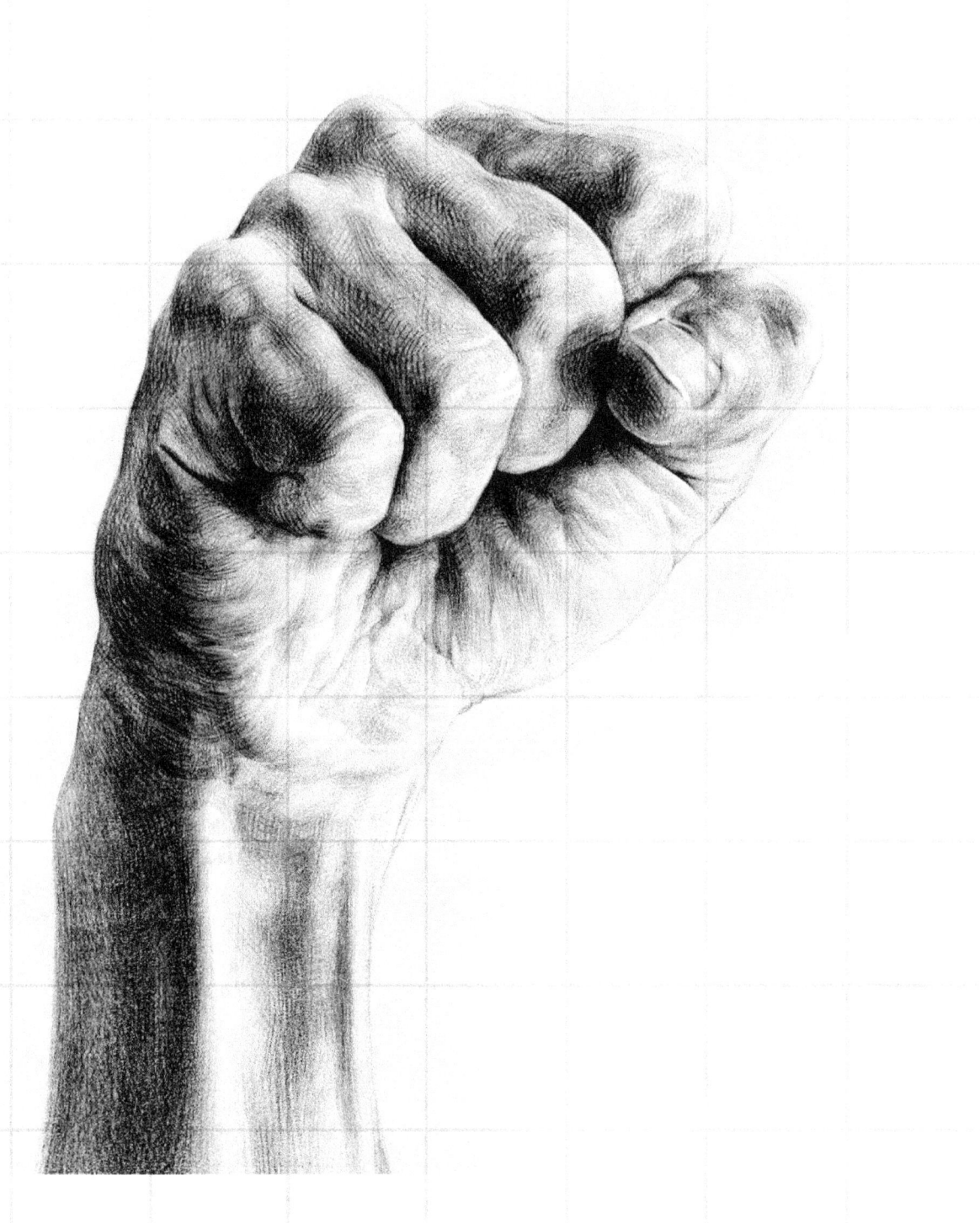

COLOR CHECK

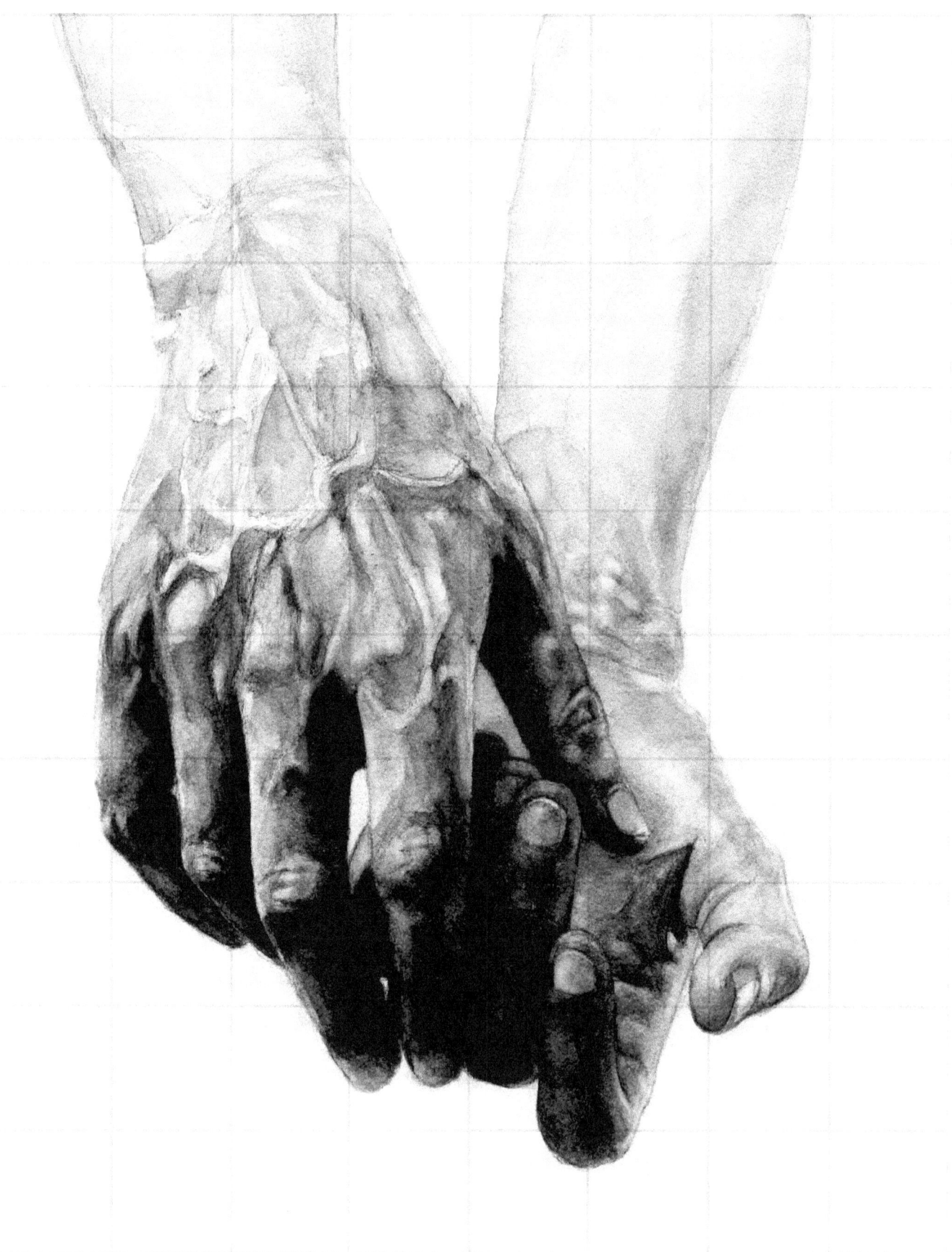

COLOR CHECK

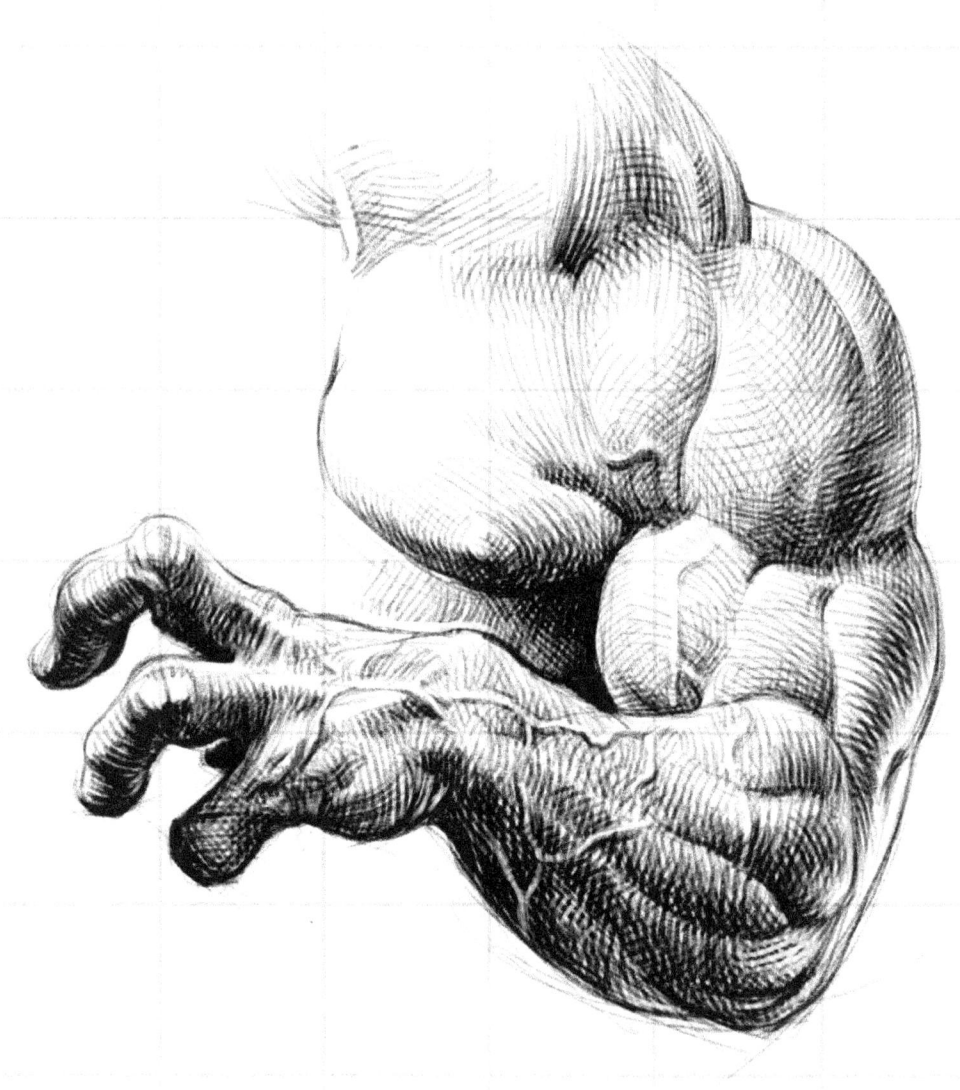

COLOR CHECK

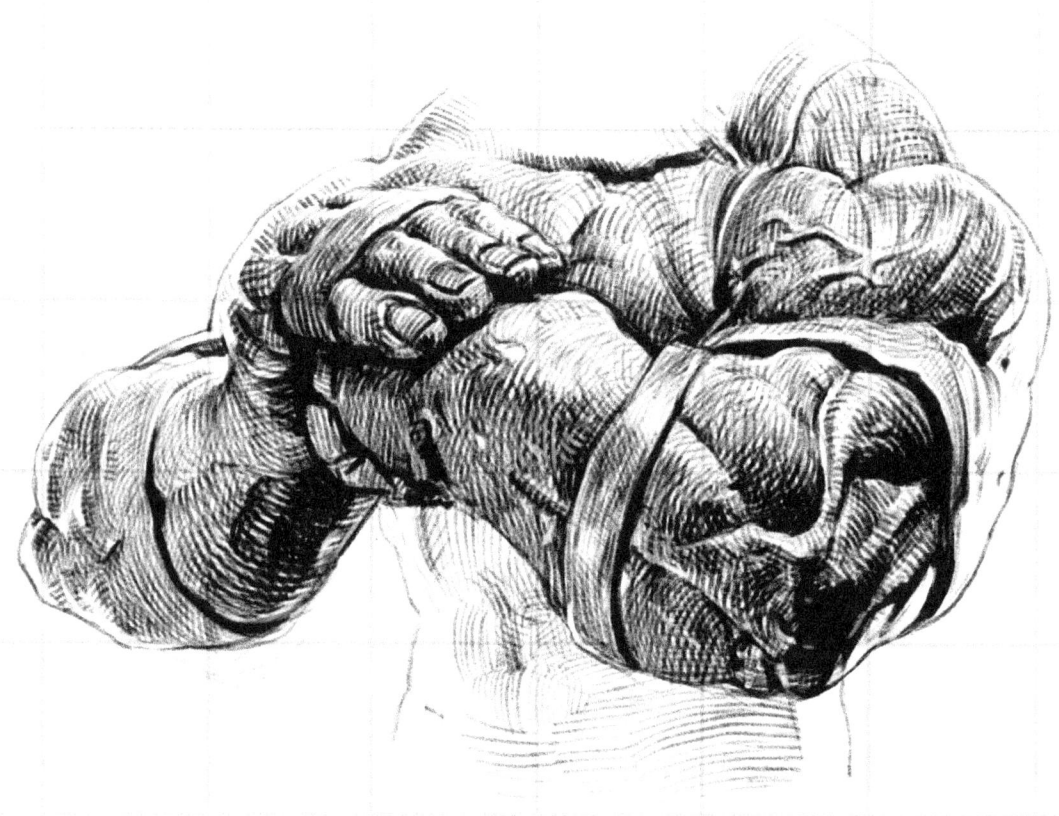

COLOR CHECK

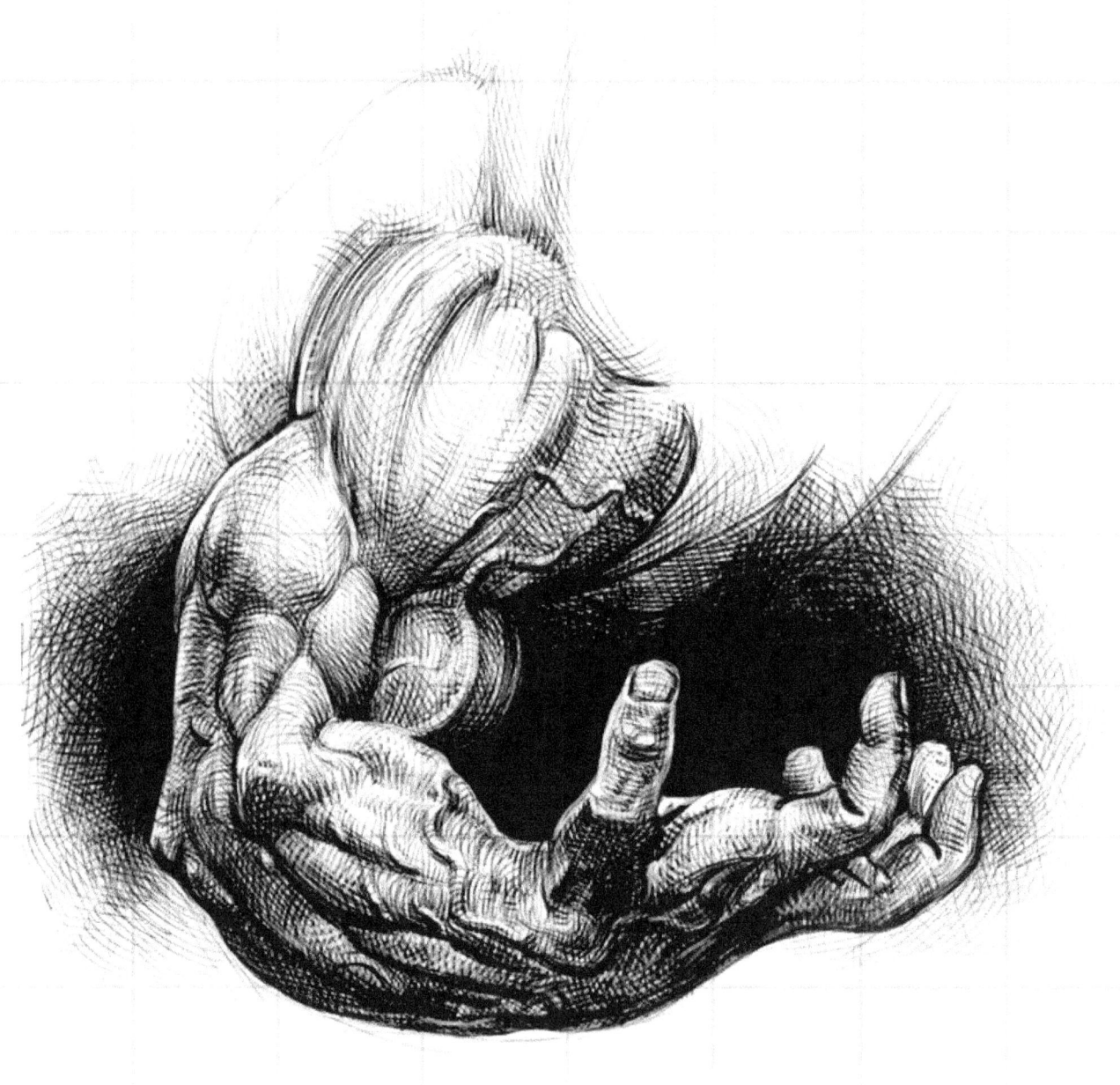

COLOR CHECK

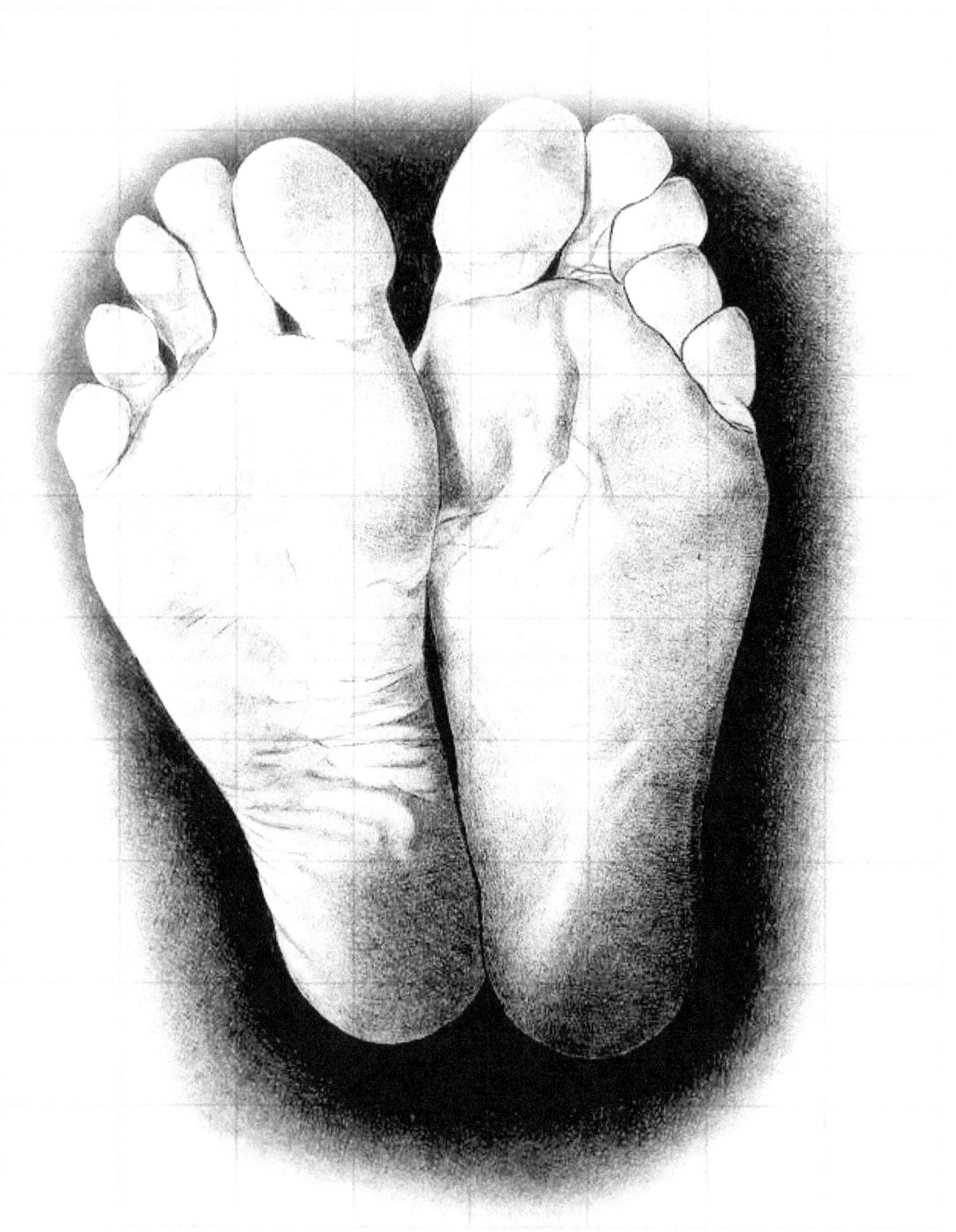

COLOR CHECK

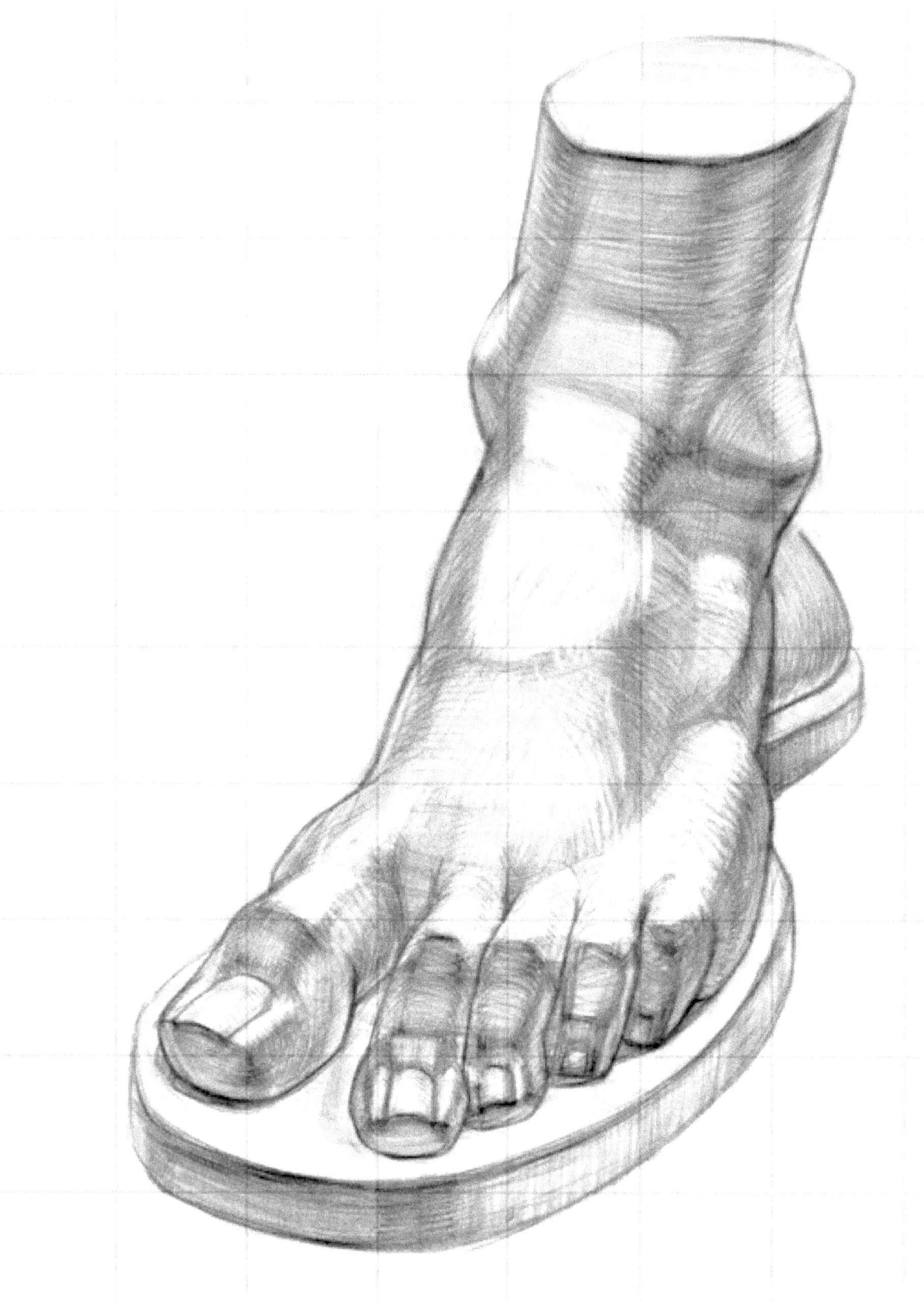

COLOR CHECK

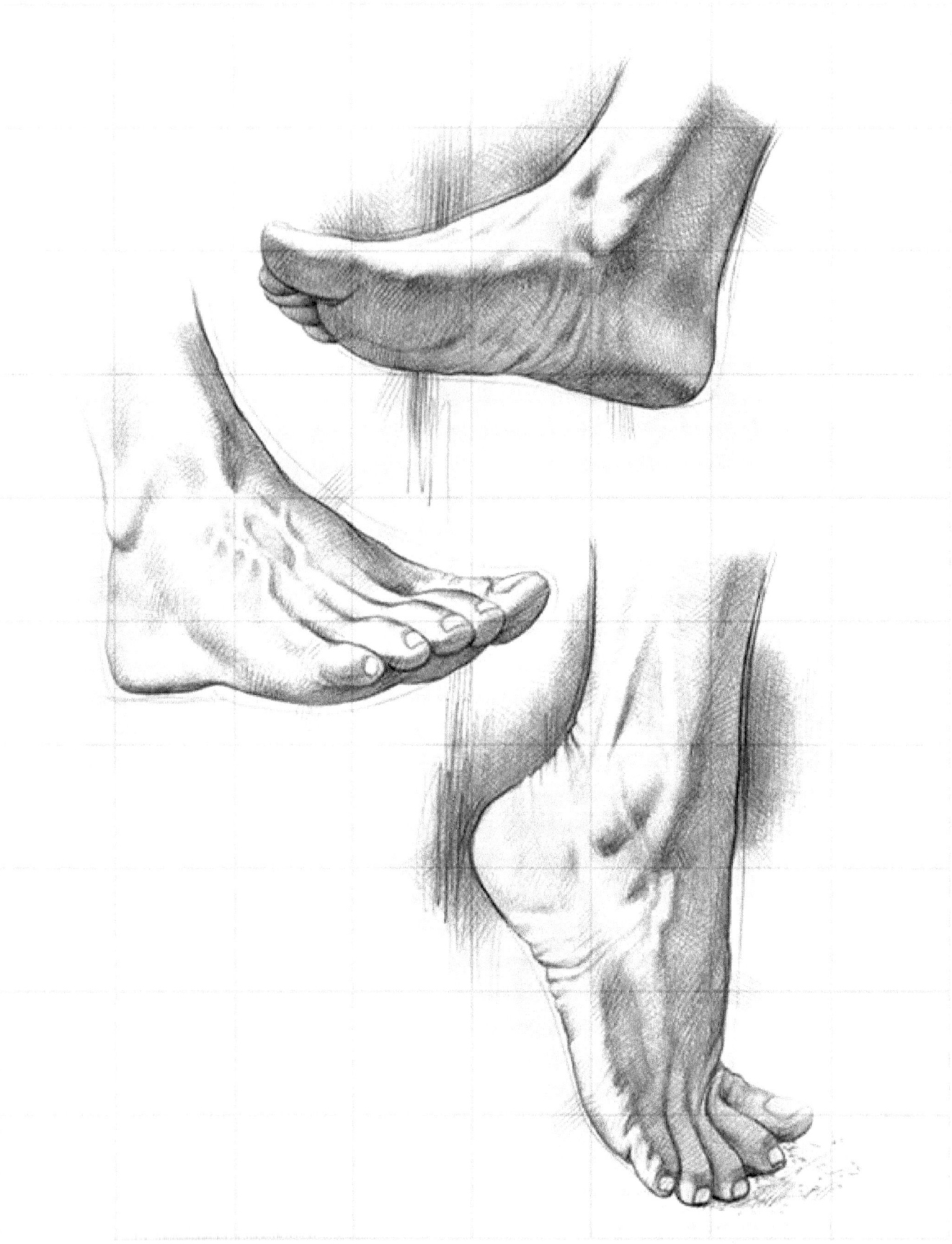

COLOR CHECK

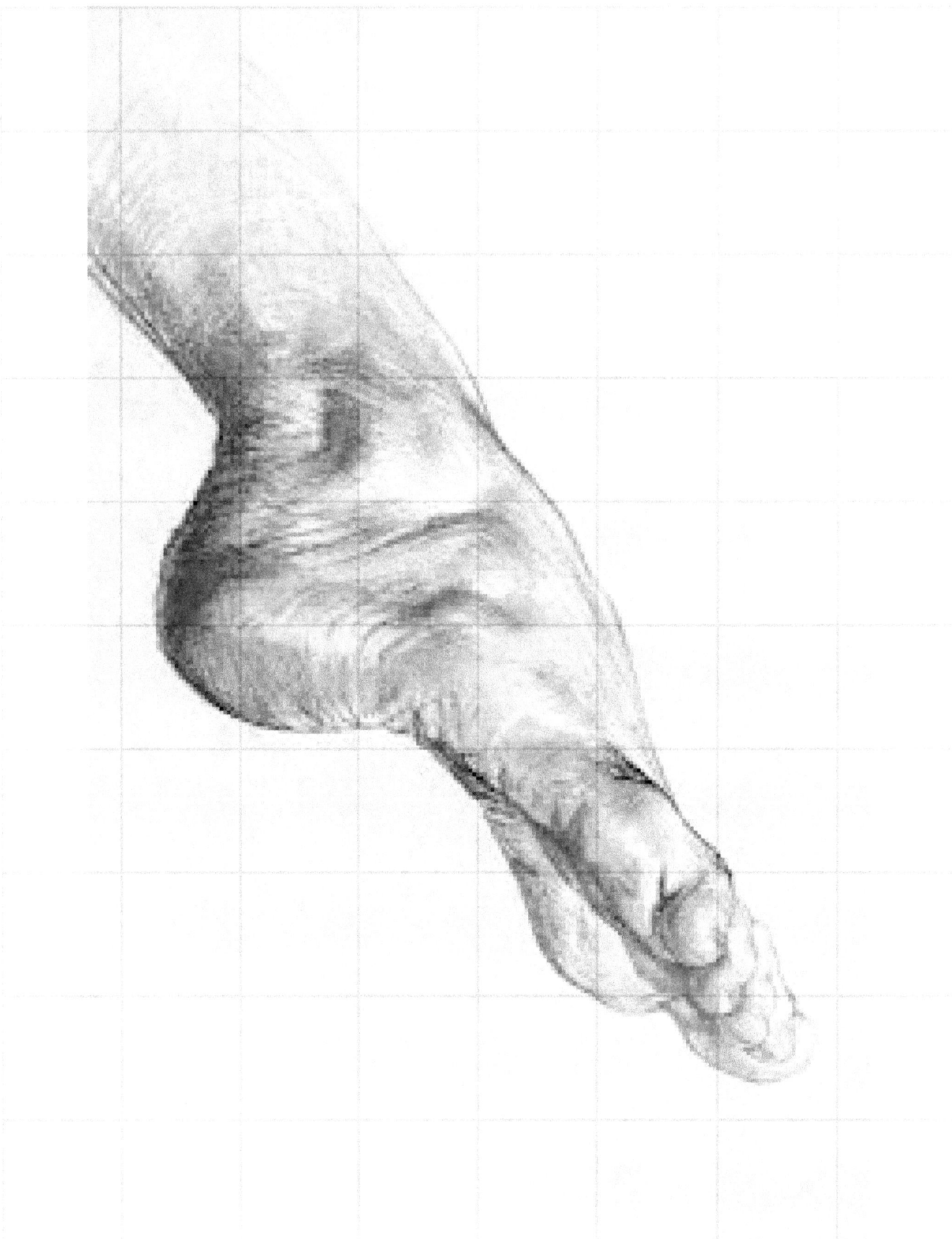

COLOR CHECK

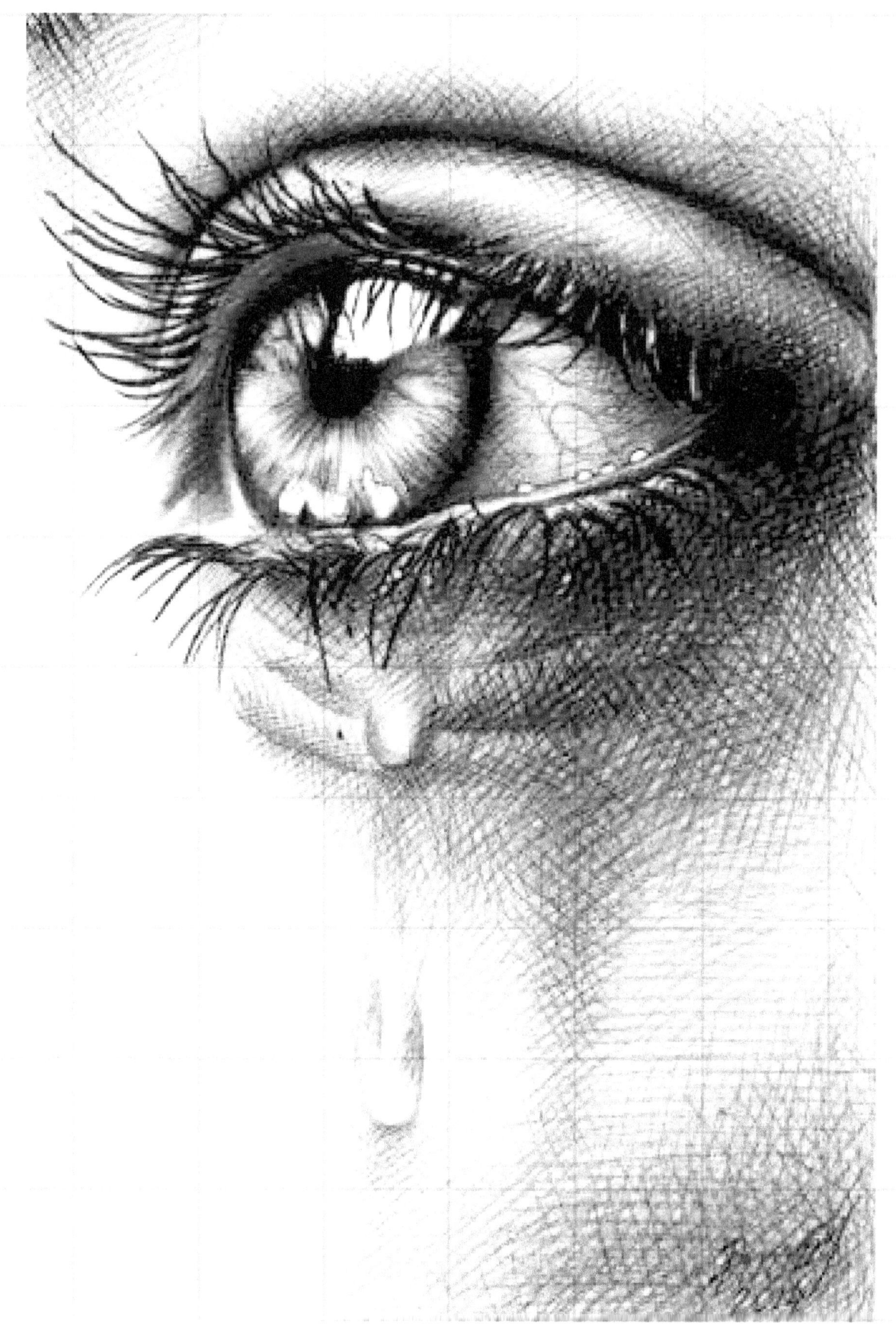

COLOR CHECK

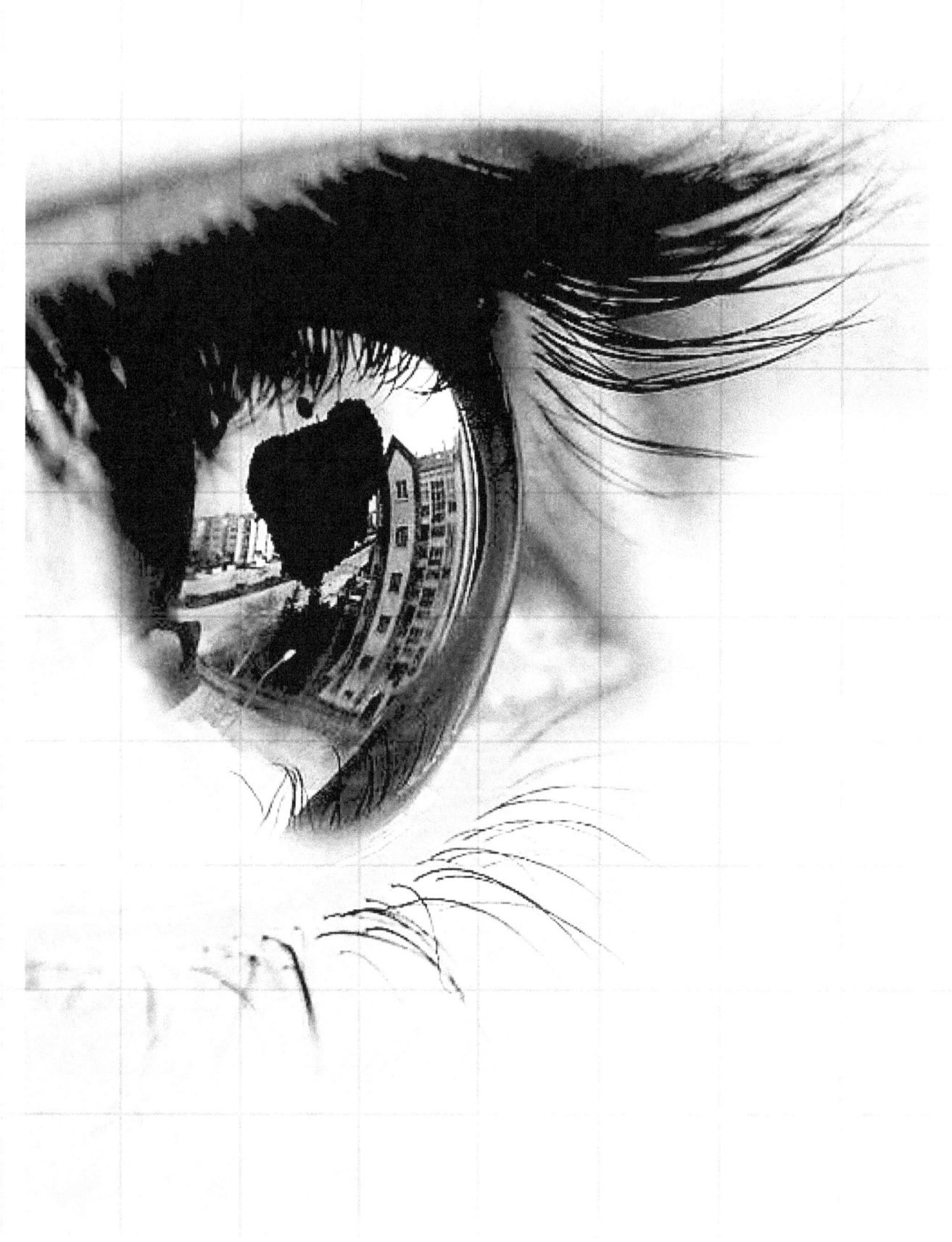

COLOR CHECK

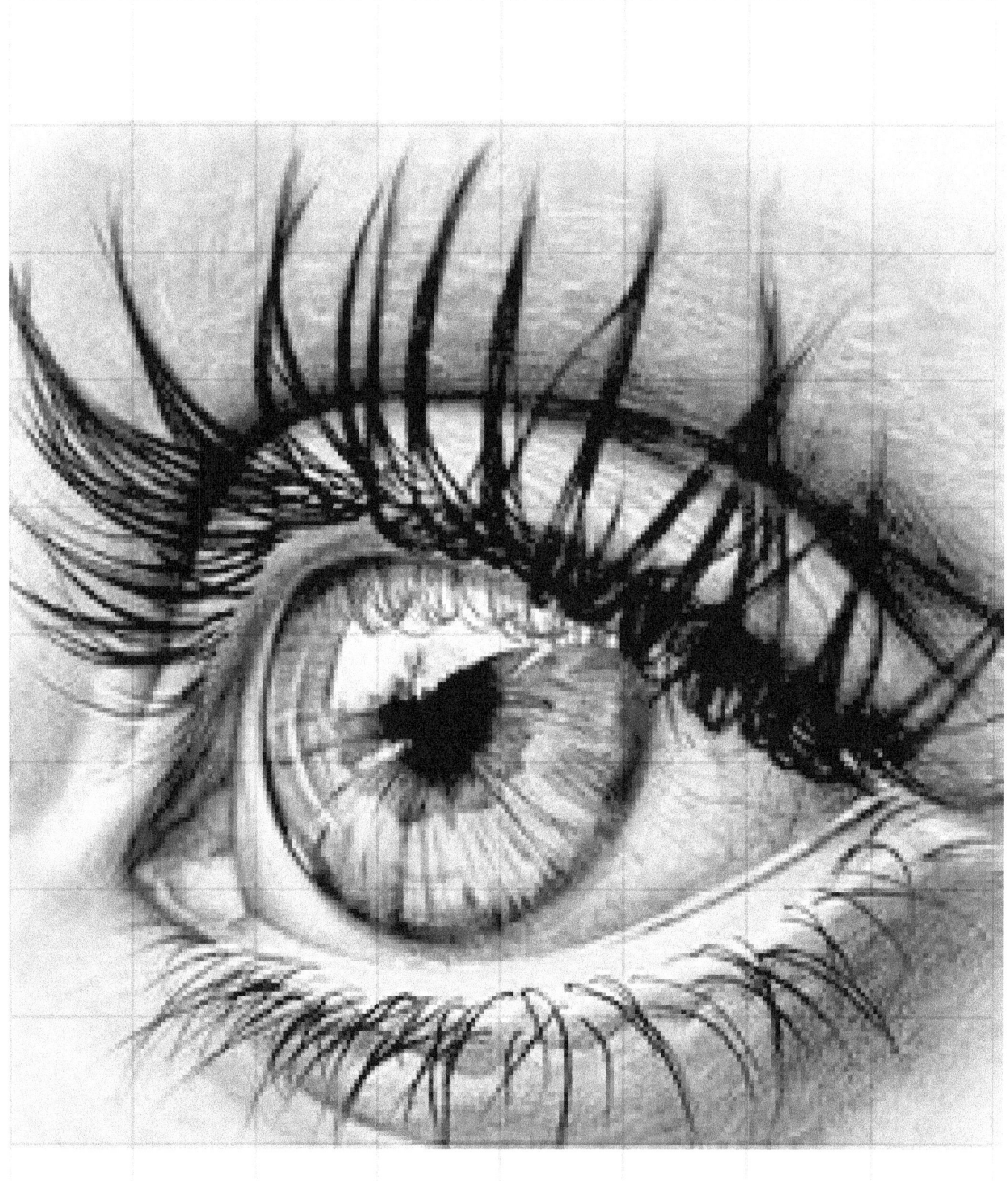

COLOR CHECK

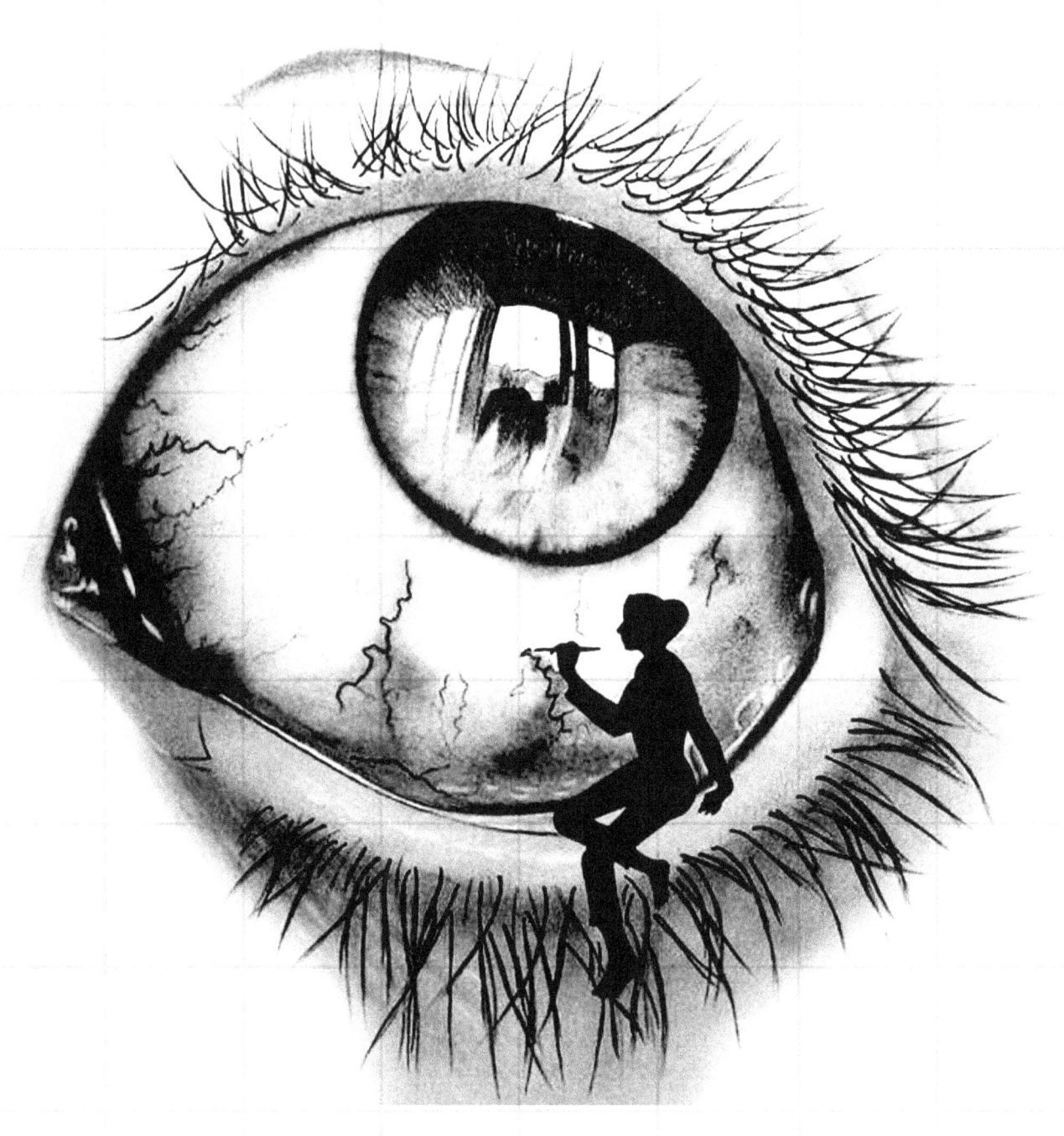

COLOR CHECK

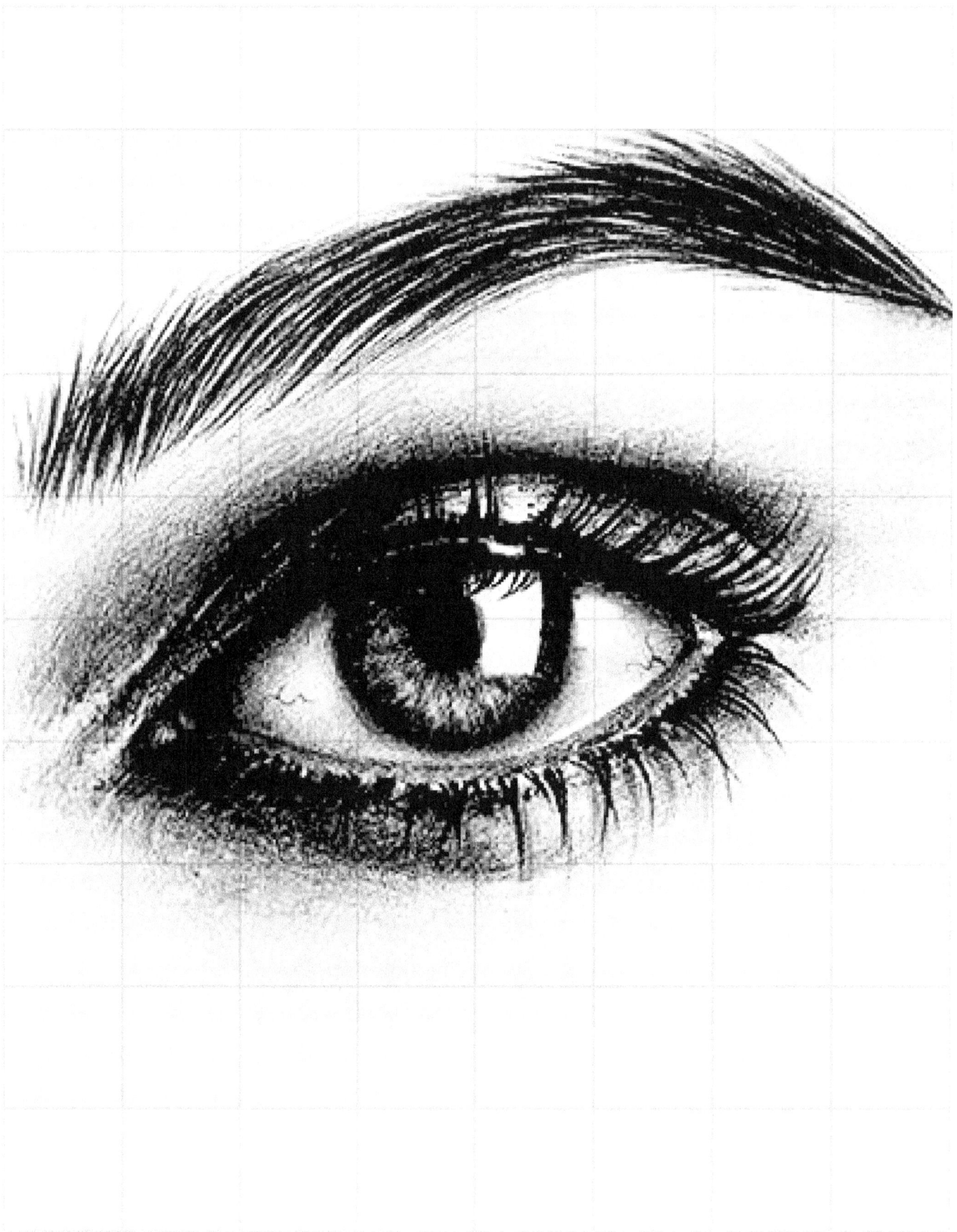

COLOR CHECK

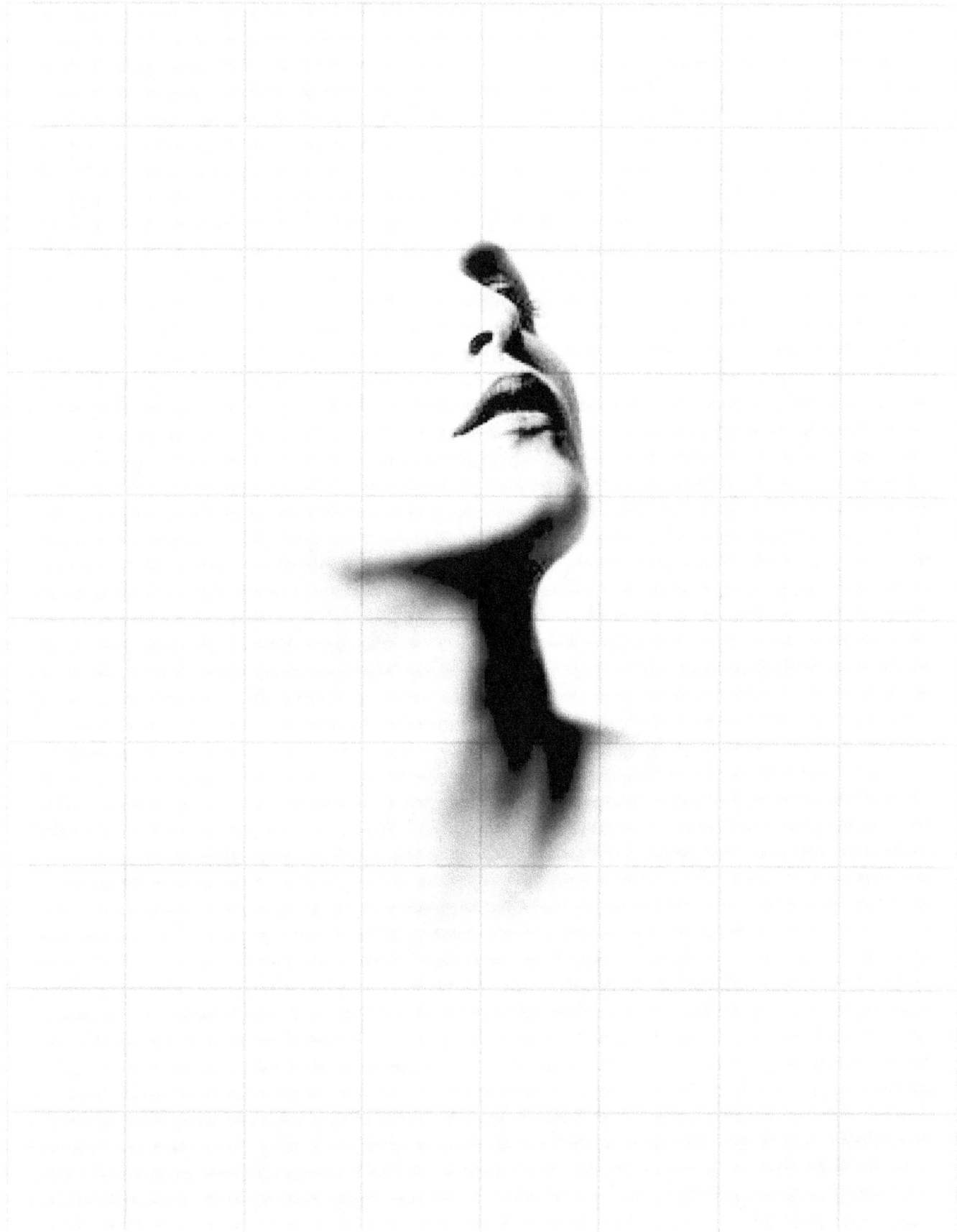

COLOR CHECK

IF YOU ENJOYED THIS BOOK, WE WOULD APRECIATE AN YOUR REVIEW ON AMAZON. IT WILL HELP US DEVELOPPING NEW AMAZING BOOKS LIKE THIS.

FOR ANY SUGGESTION, YOU FILL THE FORM AT
JO.MY/TATTOOFORBEGINNERS

THANKS

www.ingramcontent.com/pod-product-compliance
Lightning Source LLC
Chambersburg PA
CBHW080458220526
45465CB00006B/2307